Entdecke die Natur

Veränderungen unserer Umwelt

Bernard Brochier

Deutsch von
Christine Müller

6 Am Rande der Autobahn

18 Bulldozer und Tiere

24 Ein Wald steht unter Anklage

32 Wer wohnt in diesem Bau?

44 Das Leben im Schloß

Bernhard

32 Jahre alt.
Naturwissenschafter,
Mikrobiologe.
Seit seiner Kindheit hegt
er großes Interesse
für die Tierwelt.
Nach seinem
Tierarztstudium
spezialisierte er sich auf
Wildtierkrankheiten.

Anne

12 Jahre alt.
Sie ist sehr sportlich,
schwimmt gerne,
und ihr Lieblingssport
ist Tennis. Sie fährt
auch gerne mit dem
Rad und organisiert
Radtouren für ihre
Freunde.

Susanna

9 Jahre alt.
Tennis macht ihr großen
Spaß, besonders, wenn es
ihr gelingt, die ältere
Schwester zu schlagen.
Sie geht gern in den Wald
und sucht Holzstücke, die
sie mit viel Geschick zum
Basteln verwendet.

Hans

9 Jahre alt.
Ganz anders als seine
Freunde liest Hans
sehr gerne.
Dabei sitzt er meist
im Garten und hat
auf diese Weise
Interesse für Insekten
entwickelt.
Seine besondere Vorliebe
gilt den Ameisen.

Nicolas

11 Jahre alt.
Er interessiert sich sehr für
Vögel und träumt davon,
einem ornithologischen
Verein beizutreten. Auf
den Spaziergängen mit
Bernhard will er sich klar
darüber werden, wie sehr
ihm diese Wissenschaft
zusagt. Er segelt auch
gerne und liebt Popmusik.

Die Natur entwickelt sich ständig weiter. Man hört
immer wieder — und dies zu Recht — von der Umweltverschmutzung und dem Aussterben zahlreicher Tier-
und Pflanzenarten. Aber trotz dieser unheilbringenden
Veränderungen überrascht uns die Natur mit ihrer
großartigen Anpassungsfähigkeit. Bernhard möchte
seinen vier kleinen Freunden die Veränderungen zeigen,
die in der Tier- und Pflanzenwelt der Industrieländer
aufgetreten sind.

Am Rande der Autobahn

Bernhard interessiert sich leidenschaftlich für die Natur. Für ihn stellt sie ein sehr altes Laboratorium dar, in dem komplizierte Versuche über einen sehr langen Zeitraum durchgeführt wurden und wunderbare Ergebnisse hervorbrachten. Die Landwirtschaft, die Industrie und die kulturellen Veränderungen durch den Menschen haben im 20. Jahrhundert viele natürliche Lebensräume umgestaltet oder sogar zerstört. Die meisten Wildpflanzen und -tiere leiden unter diesem Wandel. Einige Arten konnten ihn nicht verkraften und sind verschwunden; andere sind sehr selten geworden und vom Aussterben bedroht. Die Menschen haben keine Ehrfurcht vor der Natur, dem Wasser und der Luft, von denen ihr eigenes Leben abhängt, und verbrauchen verschwenderisch die Rohstoffe.

Bernhard ist sehr traurig über das Verschwinden vieler Pflanzen, Insekten, Vögel und Säugetiere. Aber er konnte auch feststellen, daß die Natur trotz heftiger Eingriffe überlebt. Sie verändert sich allerdings: wenngleich eine große Anzahl von Tier- und Pflanzenarten ausstirbt, passen sich andere perfekt an den Beton, an die durch die Menschen verursachten Abfälle, die moderne Landwirtschaft, die verschmutzten Meere, ja sogar an giftige Gase an. Diese Tiere können vielleicht ein Teil der Natur von morgen sein. Natürlich nur dann, wenn die Menschen ihre Vorgangsweisen stoppen und sich sofort zu drakonischen Maßnahmen zum Schutz der Umwelt entschließen. Der Straßenbau belastet zum Beispiel die Natur schwer: zuerst die Pflanzen-, dann die Tierwelt. Das riesige Straßennetz ist verantwortlich für den Tod vieler Tiere, gleichzeitig aber auch für die Vermehrung anderer Tierarten. Für diese wird die Straße zu einer annehmbaren, „natürlichen" Umwelt.

Bernhard möchte seinen kleinen Freunden diese Phänomene zeigen; er lädt sie zu einem ganz besonderen Ausflug ein.

Von den vier Kindern sind heute nur Anne und Susanna dabei, die beiden Jungen sitzen zu Hause und lernen. „Kommt, besuchen wir einen ungewöhnlichen Lebensraum!" sagt Bernhard und legt der gähnenden Anne den Arm um die Schulter.
Das alte Auto setzt sich unter Husten in Bewegung, so, als würde es ebenfalls lieber zu Hause bleiben. Bernhard fährt auf einer kleinen Straße, die sich wie eine Furche durch das Land zieht und in eine Betonbrücke über die Autobahn mündet.
Gerade dort verlangsamt er die Fahrt.
„Weshalb fährst du so langsam?" fragt Anne ein wenig ungeduldig. Bernhard antwortet nicht, seine Augen beobachten genau die künstlichen Gebilde, die die Autobahn begrenzen: Straßenbeleuchtungen, Betonwände, Böschungen, neue Anpflanzungen und Gitterzäune, die das Betonband links und rechts begleiten. Plötzlich bremst er, schiebt vorsichtig zurück und fordert die Kinder auf, auszusteigen.

Vögel als „Putzfrauen"

„Eine Autobahnbrücke; das ist aber ein seltsamer Standplatz für Naturbeobachtungen!" meint Susanna.
Bernhard scheint diese Bemerkung gar nicht zu hören und sagt: „Schau dorthin! Auf den Pfeiler und die Straßenbeleuchtung."

◀ Ein unüberwindliches Hindernis für viele Tiere.

▲ Entlang der Autobahnen haben die Krähen neue Aussichtsplätze erhalten.

◀ Das ist Bernhard, der Führer auf diesen Ausflügen.

▲ Susanna versucht einen Greifvogel zu bestimmen.

„Aber das sind doch nur Vögel; was ist daran schon Besonderes?" antwortet sie.
„Sei nicht so voreilig, Susanna. Da, nimm das Fernglas und versuche sie zu bestimmen."
„Gut. Auf dem Zaun sehe ich einen großen, braunen Vogel. Er sitzt ganz still, als ob er die Autos zählen würde. Und unten, auf der Lampe, das sind Raben; sie sind schwarz und zanken sich", berichtet Susanna.
„Ich helfe dir", antwortet Bernhard. „Der erste Vogel, den du beobachtet hast, ist ein Mäusebussard, die anderen sind keine Raben, sondern Krähen."
„Aber was machen die hier, entlang der Autobahn?" fragt Anne.
„Sie suchen nach Futter, und, glaub mir, sie finden welches."
„Welches Futter?"
„Die Nahrungsansprüche der Krähen sind nicht sehr ausgefallen. Sie sind mit allem zufrieden. Neben der Straße finden sie viele Dinge, mit denen sie ihre Mägen füllen können: Abfälle, die von rücksichtslosen Autofahrern weggeworfen werden, und Kadaver von Tieren, die Verkehrsunfällen zum Opfer gefallen sind."
„Krähen sind Aasfresser", ekelt sich Susanna, „was für grausliche Tiere!"
„Die Aasfresser haben in den Augen der Menschen eine undankbare Aufgabe, aber sie sind unbedingt notwendig. Sie sind die idealen ‚Putzfrauen' für die Natur. Gäbe es sie nicht, wäre die Erde schon längst zu einem riesigen faulenden Gebiet geworden, und gefährliche Krankheiten hätten sich ausgebreitet."

Des einen Freud ist des anderen Leid

„Gibt es viele Tiere, die die Autobahn überqueren und dabei überfahren werden?" fragt Anne traurig.

▶ Die meisten Vogelarten, die zu den Rabenvögeln gehören, sind Aasfresser. Diese Kolkraben „beseitigen" ein totes Pferd.

◄ Das Fliegen auf dem Platz („Rütteln") ist die Jagdtechnik des Turmfalken.

„Leider ja", antwortet Bernhard. „Dafür kann man mehrere Gründe nennen. Es gibt immer mehr Straßen und Autos, die Straßenverhältnisse werden besser, und die Autos fahren daher schneller; die Autobahnen stellen für sehr langsame oder kleine Tiere unüberwindliche Hindernisse dar. Wenn sich diese einmal auf der Straße befinden, haben sie fast keine Chance, lebend davonzukommen."
„Und andere Tiere sind froh über den Tod dieser Bedauernswerten", stellt Susanna fest.
„Die Krähen sind nicht die einzigen Nutznießer der Straße; sie müssen sich den Tisch mit anderen Aasfressern teilen. Die ‚Putzfrauen' der Autobahnen müssen sich den schwierigen Bedingungen dieses Lebensraumes anpassen; sie müssen eine laute, verschmutzte und gefährliche Umgebung ertragen können. Außerdem müssen sie schnell genug sein, um nicht selbst überfahren zu werden."
„Welche Aasfresser gibt es noch?" fragt Susanna.
„Der Rote Milan, der Mäusebussard und der Turmfalke sind drei Arten, die sich stark an die veränderte Umwelt angepaßt haben. Sie verschmähen tote Beute nicht und machen daher von Zeit zu Zeit Kontrollflüge über die Autobahnen. Auch die Elster, eine Verwandte der Krähen, hat sich mehr und mehr an die Autofahrer gewöhnt.

Diese Vögel drängen sich heute auf den Straßenbeleuchtungen wie ihre Vorfahren früher auf den Galgen. Während der Nacht übernehmen die Füchse die Rolle der Vögel und machen ihre Runde auf den verkehrsreichen Straßen."

Der „Heilige Geist"

Anne ruft ihre Schwester, obwohl es ihr etwas peinlich ist, Bernhard zu unterbrechen.
„Schau, da oben ist ein Vogel, der seine Flügel bewegt, ohne vorwärts zu kommen. Er fliegt am Platz — als ob er am Himmel auf einem Faden aufgehängt wäre."
„Das ist ein Turmfalke!" sagt Bernhard, der den kleinen Greifvogel sofort erkannt hat.
„Weshalb fliegt er so?" fragt Anne.
„Das ist seine spezielle Jagdtechnik. Er sieht dabei aus wie der ‚Heilige Geist'. Während er auf einem Platz stehenbleibt, beobachtet er die Umgebung und bemerkt die kleinste Bewegung einer vorwitzigen Feldmaus. Sobald er eine Beute erspäht, stürzt er sich wie der Blitz darauf und packt sie mit seinen Krallen."
„Ich finde, dieser Falke hat eine sehr sportliche Jagdtechnik. Der Bussard da unten sitzt unbeweg-

lich und scheint zu schlafen", bemerkt Susanna. „Dabei betrachtet er die Umgebung sehr aufmerksam", antwortet Bernhard, „er ist sehr konzentriert. Schau ihn dir mit dem Fernglas an."

Der Greifvogel: ernst, aber friedlich

„Buh, was für ein furchterregender Blick", antwortet Susanna.
„Das ist der Gesichtsausdruck, den man bei allen Greifvögeln findet, oder, besser gesagt, den ihnen die Natur verliehen hat. In Wirklichkeit sind die Greifvögel ängstlich und friedlich."

▼ Ein Mäusebussard auf der Lauer.

„Hinter ihren streng blickenden Augen versteckt sich ein scheuer Charakter, vor allem im Vergleich zu den Mitgliedern aus der Familie der Rabenvögel. Die Krähen, Elstern und Häher haben zum Beispiel ein kompliziertes Gemeinschaftsleben: sie werden schnell frech, respektlos, ja sogar aggressiv. Sie neigen auch dazu, Greifvögel zu ärgern, als ob sie eifersüchtig wären auf deren Erfolg und Würde."
„Wie reagiert ein Greifvogel, wenn er angegriffen wird? Er ist sicher sehr stark."
„Auf solche Angriffe reagiert er sehr ruhig. Häufig tut er überhaupt nichts und widmet sich weiter der Aufgabe, die ihm die Natur zugeteilt hat."

Die Ungeliebten

„Die Greifvögel sind bei den anderen Vogelarten vermutlich sehr unbeliebt", meint Anne.
„Unglücklicherweise ist es das Schicksal der Fleischfresser, daß sie sich an der Spitze der Nahrungspyramide befinden. Die Raubtiere und die Greifvögel zum Beispiel sind sehr selten und leben sehr isoliert, da sie ein großes Jagdrevier brauchen, um genügend Nahrung zu bekommen. Es stimmt, daß ihr Verhalten unverständlich und abstoßend wirkt, wenn man es aus der Sicht der Tiere betrachtet, die sich eine Stufe tiefer auf dieser Nahrungspyramide befinden. Erstaunlich ist aber, daß gerade der Mensch den großen Fleischfressern den Kampf angesagt hat:
dem Tiger, dem Wolf, dem Luchs, dem Fuchs, dem Adler . . ."
„Wahrscheinlich deshalb", meint Susanna, „weil diese Tiere viel schöner sind als der Mensch."
„Vielleicht, weil sie Angst vor ihnen haben", setzt Anne hinzu.
„Obwohl ein Greifvogel niemals einen Menschen angreift", vervollständigt Bernhard.
„Es hat andere Gründe, glaub ich", sagt Anne. „Diese Räuber sind Konkurrenten des Menschen; sie essen gerne Wildbret und jagen auch manchmal Haustiere."

▶ Die Zäune längs der Autobahn verhindern, daß große Tiere die Straße überqueren und Verkehrsunfälle verursachen.

„Stimmt", antwortet Bernhard, „das hat den Menschen schon seit jeher nicht gefallen. Obwohl es absolut keinen vernünftigen Grund gibt für sie, zu glauben, nur ihnen stünde das Wildbret zu. Überheblich wie sie sind, meinen sie, die Natur gehört ihnen und sie sind die Herren der Welt."
Anne unterbricht Bernhard: „Schau, der Bussard fliegt weg! Was für eine Flügelspannweite der hat! Jetzt schreit er auch. Das klingt wie bei einem Baby."
„Ja, das ist schon ein Unterschied zu dem durchdringenden Gekrächze der Krähen. Alle Greifvögel geben gellende Töne von sich, manchmal pfeifen sie auch wohlklingend."

Zum Schutz der Autofahrer

„Wozu dient der Drahtzaun, auf dem der Bussard gesessen ist?" fragt Susanna.
„Du siehst, daß es links und rechts der Autobahn viele Bäume gibt", macht Bernhard sie aufmerksam. „Die Autobahntrasse hat einen großen Wald geteilt. Die Wildschweine, Rehe und Hirsche in diesem Gebiet mußten eines Tages feststellen, daß ihre Reviere durch das riesige, graue Band in zwei Abschnitte zerfallen ist. Das ist für diese Tiere aber kein Grund, ihr Revierverhalten zu ändern. Sie übersetzen daher die Autobahn, natürlich ohne auf den Verkehr zu achten. Während der Nacht kann das für die Autofahrer sehr gefährlich werden. In der Dunkelheit können sie nicht so gut sehen, oft sind sie auch übermüdet. Der Zusammenstoß eines Autos mit einem Tier von solcher Größe kann sowohl für das Tier als auch für den Fahrer tödlich enden. Aus Sicherheitsgründen wurden Schutzzäune errichtet und dadurch die großen Wildtiere am Überqueren gehindert."
„Ist das die einzige Möglichkeit, solche Unfälle zu verhindern?" fragt Anne.
„Glücklicherweise nicht. Andere Straßenbauexperten hatten bessere Ideen: einige Straßen sind mit Spezialbrücken oder -tunnels ausgestattet, über beziehungsweise durch diese die Tiere die Straße ohne das geringste Unfallrisiko übersetzen können."
„Das wäre natürlich phantastisch, wenn alle Straßen auf diese Art angelegt wären. Man müßte auch Übergänge schaffen für Igel und Kröten", stellt sich Anne vor.
„Es wäre phantastisch, aber die Menschen bauen die Straßen nach ihren Interessen: einerseits wollen sie die Wildschweine und die Rehe für die Jagd erhalten, und andererseits wachen sie über die Sicherheit der Autofahrer, auch wenn diese noch so schnell fahren."

▼ Ein unvorsichtiger Rehbock!

◀ Die Feldmaus: ein Beutetier der Greifvögel.

Auf der Lauer nach Feldmäusen

„Dieser Bussard dort, auf dem Zaun, wartet der darauf, daß ein Tier überfahren wird?" fragt Anne.
„Nein, er ist auf der Lauer. Das ist seine Technik, um lebende Tiere zu fangen."
„Lebende?" sagt Susanna erstaunt.
„Ja, es gibt nicht nur Abfall und Aas längs der Straßen. Unter den Böschungen, die die Autobahn begrenzen, gibt es die Lieblingsspeise dieses Bussards: sehr lebendige Feldmäuse!"
„Leben sie entlang der Autobahn? Die haben wirklich komische Ideen, die Feldmäuse", sagt Anne zu sich selbst.
„Diese kleinen Nagetiere sind sehr froh, daß sie in den künstlichen Hügeln wohnen können: die Erde ist hier sehr locker, und es ist ein wahres Vergnügen für sie, unterirdische Gänge anzulegen. Außerdem bepflanzten die Menschen die Hügel mit Sträuchern. Ein Geschenk für die Feldmäuse, die begeistert die Borke der Bäumchen abnagen! Kannst du dir vorstellen, wie es weiterging?"
„Ja, das war auch ein Geschenk für die Feinde der Feldmäuse."
„Die Bussarde haben diese Speisekammer schnell ausfindig gemacht", erklärt Bernhard, „mehr noch, die Menschen haben ihnen, ohne es zu ahnen, neue Aussichtsplätze verschafft: die Straßenbeleuchtungen und die Zäune."
„Wenn das die Straßenbauer alles wüßten, die würden sich schön wundern", meint Anne, fasziniert von all dem, was sie gehört hat.

Die schwierige Aufgabe der Greifvögel

Anne bleibt am Brückengeländer zurück und scheint nachzudenken; eine Sache ist ihr nicht klar.

„Es heißt, daß die Greifvögel vom Aussterben bedroht sind", sagt sie, „aber wenn ich richtig verstanden habe, ermöglicht ihnen der Straßenbau das Überleben. Ist es dann überhaupt noch notwendig, daß sie so streng geschützt werden?"

„Vorsicht", antwortet Bernhard. „Diese Straßen haben ihre Vorteile für Vögel, die Feldmäuse und Aas fressen, aber glaube nicht, daß die anderen Greifvögel mit dieser Beute und diesem künstlichen Lebensraum zufrieden sind. Die Natur hat jedem Greifvogel seine besondere, oft schwierige Aufgabe zugeteilt; dafür hat sie ihnen bestimmte Werkzeuge mitgegeben. Jeden Greifvogel könnte man mit einem Facharbeiter vergleichen, der auf sein Gebiet spezialisiert ist. So fängt der Fischadler lebende Fische, der Schlangenadler Reptilien, Sperber und Habicht lauern Vögeln auf, der Steinadler fängt Murmeltiere und Hasen usw. . . . Das sind nur einige Beispiele. Jede dieser Spezialaufgaben kann nur unter speziellen Lebensbedingungen durchgeführt werden. Ein passender Lebensraum ist notwendig, in dem die Beutetiere in genügender Anzahl vertreten sind."

„Aber diese Lebensräume gibt es doch; es gibt Berge für den Adler und Gewässer für den Fischadler. Ich verstehe nicht, wieso einige Greifvögel vom Aussterben bedroht sind?" bemerkt Anne.

„Über jede Greifvogelart kann man eine traurige Geschichte erzählen", antwortet Bernhard. „Einige müssen sich vor den Gewehren und Fallen der Menschen fürchten, andere bemerken nicht, daß ihre Nahrung vergiftet ist, wieder andere leiden an dem Aussterben ihrer Beutetiere und der Zerstörung ihres Lebensraumes."

Bernhard fordert die Kinder auf, wieder ins Auto zu steigen. „Kommt", sagt er, „der Ausflug ist noch nicht zu Ende."

▲ Der Sperber ist Spezialist im Fangen von Spatzen.

▼ Der Steinadler lebt in den Bergen und jagt große Beutetiere, wie das Murmeltier und den Hasen.

Das Pech des Wanderfalken

Ein anspruchsvoller Falke

Im Gegensatz zum Turmfalken, paßt sich der Wanderfalke (Falco peregrinus) nicht an die vom Menschen veränderten Biotope an. Ihm sagen nur steil abfallende Felswände zu. Die können sich im Gebirge befinden, an Meeresküsten oder auch in Tälern, die von Flüssen ausgewaschen wurden. Wichtig ist, daß der Falke einen Gesamtüberblick über sein großes Jagdgebiet hat: ein Tal oder das Meer. Aber so einfach ist das nicht, in „einem Badeort ein Zimmer im letzten Stock mit Blick auf das Meer" zu bekommen.

Der Jagdchampion unter den Vögeln

Wie ein Wachposten auf einem Turm verbringt der Wanderfalke Stunden damit, die am Himmel umherfliegenden Vögel zu belauern. Ein Fernglas benötigt dieser Vogel nicht, die Aussicht ist ausgezeichnet. Seine Mahlzeit wird ein Vogel sein, den er im vollen Flug fängt. Um das durchführen zu können, muß der Greifvogel listig handeln und sportliche Großtaten vollbringen. Zur Erleichterung seiner Aufgabe beobachtet er in Hunderten Metern Entfernung eine Vogelschar und sucht sich einen Vogel aus, der krank wirkt.

Die todbringenden Pestizide

Heutzutage ist die Beobachtung eines Wanderfalken ein außergewöhnliches Erlebnis geworden, da dieser Vogel in vielen europäischen Ländern selten geworden ist. Vor einiger Jahren hat dieser herrliche Greifvogel die Felsen verlassen. Sein Lebensraum wurde aber nicht zerstört, und seine Nahrungsquellen sind fast unerschöpflich.
Was ist nun tatsächlich verantwortlich für das Verschwinden des Wanderfalken? In unseren Tagen ist die moderne Landwirtschaft der größte Mörder der Wildtiere. Um den Ernteertrag zu vermehren, haben die Landwirte den Insekten und den Unkräutern den Kampf angesagt. Damit sie sicher erfolgreich sind, benutzen sie eine furchtbare Waffe, die den Feind mit Leichtigkeit vernichtet: Gift.
Viele Wiesen und Felder sind bereits mit diesen Giftstoffen, den Pestiziden, verseucht. Unglücklicherweise fressen

Am Ende der Nahrungskette stehend, nimmt der Wanderfalke eine beträchtliche Menge an Pestiziden auf, die in den anderen Gliedern der Nahrungskette (Insekten und Vögel) gespeichert sind.

Tausende von Vögeln und Insekten die vergifteten Körner. Pestizide sind Stoffe, die schwer wieder aus den Körpern der Vögel entfernt werden können; sie bleiben darinnen und werden im Fett gespeichert. Je nach der Menge von Insekten, die ein Vogel zu sich nimmt, häufen sich die Pestizide immer mehr in seinem Körper an. Das schwächt das Tier zunehmend und endet mit der Erkrankung des Vogels.

Da der Wanderfalke das letzte Glied in der Nahrungskette ist, ernährt er sich von diesen geschwächten Vögeln; dadurch nimmt er seinerseits die Pestizide auf, die im Körper seiner Beute gespeichert sind, und vergiftet sich ebenfalls.

Die Jungen des Wanderfalken

Die todbringende Wirkung der Pestizide zeigt sich vor allem während der Brutperiode. Viele geschlechtsreife Wanderfalken sind steril. Falls befruchtete Eier gelegt werden, haben sie eine sehr zerbrechliche Schale. Häufig stirbt der Embryo bereits im Ei. Falls wirklich ein Tier zum Schlüpfen kommt, was außerordentlich selten vorkommt, ist das Neugeborene oft behindert: es kann zum Beispiel den Schnabel nicht öffnen und dadurch keine Nahrung aufnehmen. Junge aufzuziehen, ist für die Wanderfalken, die Pestizide aufgenommen haben, zu einem fast hoffnungslosen Unterfangen geworden.

Eine gequälte Mama

Auch andere Gefahren bedrohen das Überleben der Wanderfalken. Während des Nestbaues versteckt sich das Weibchen in den Felsen, um in Ruhe die Eier abzulegen. Von Natur aus ist es sehr unruhig und darf gerade während der Brutzeit nicht gestört werden. Falls das doch der Fall ist, zögert es nicht, das Brüten zu unterbrechen, drei oder vier Eier zu verlassen und sich ein ruhigeres Plätzchen zu suchen. Heutzutage versuchen viele Menschen, es den Vögeln gleichzumachen, und haben sich einige neue Sportarten ausgedacht. Diese versetzen die Vögel oft in großen Schrecken. Manche Menschen gleiten mit großen Drachenfliegern wie riesige bunte Greifvögel dahin, andere klettern wie die Steinböcke in die Felswände und erschrecken durch kräftige Farben und lärmende Gerätschaften die Tiere. Diese Farben, der Lärm, ja, die Anwesenheit des Menschen überhaupt versetzen die brütenden Vögel in große Angst.

Die Hauptopfer des Straßenverkehrs

Der heiße Asphalt zieht die Insekten an. Das wird zu einem Festessen, aber auch zu einer tödlichen Falle für den Igel.

Der Igel

Der Igel bewegt sich langsam und flieht nicht bei Gefahr. Zu seiner Verteidigung ist dieses Säugetier mit Stacheln ausgestattet. Wenn sich der Igel auf der Straße befindet und ein Auto sich nähert, bleibt er stehen und rollt sich ein. So kann er seine Stacheln am besten einsetzen. Eine sehr gute Verteidigungstaktik — aber nicht gegenüber Autos. Um sich vor diesen Monstern zu schützen, bedarf es mehr. Das Blutbad, das unter den Igeln angerichtet wird, findet vor allem im Frühjahr statt, da sie zu dieser Jahreszeit besonders unternehmungslustig sind. Sie sind gerade aus dem Winterschlaf erwacht und wandern sehr viel; sie verlassen ihre Winterquartiere und ziehen zu ihren oft weit entfernten Sommerplätzen. Noch dazu befinden sich die Männchen auf der Suche nach Weibchen. Von den Straßenrändern werden die Igel regelrecht angelockt. Dort befinden sich viele Gebüsche, und während der Nacht können sie Insekten fressen, die sich auf dem heißen Asphalt niedergelassen haben.

Die Kröte

Es ist unnötig zu erwähnen, daß auch dieser Lurch ein sehr langsames Tier ist. Dennoch macht die Kröte jedes Jahr eine Wanderung von etlichen

Die Wanderungen der Kröte bergen viele Gefahren in sich.

hundert Metern. Im Frühling verläßt sie den Platz, wo sie den Winter verbracht hat, und sucht eine Wasserfläche: eine Lache, einen Teich oder einfach eine mit Wasser gefüllte Grube. Dort findet die Fortpflanzung statt. Sobald die Eier im Wasser abgelegt wurden, verlassen die Eltern die Brut und wandern zu Plätzen, wo sie den ganzen Sommer über Nahrung finden. Nach ihrer Larvenentwicklung gehen die jungen Kröten ebenfalls auf Wanderschaft. Wenn nun unglücklicherweise eine Straße den Wanderweg kreuzt, erreichen nur wenige ihr Ziel. Der Großteil wird überfahren. Der Frosch erleidet ähnliches wie die Kröte. Da er sich schneller fortbewegen kann, sind seine Chancen allerdings größer.

Die Sehkraft der Schleiereule erlaubt ihr nicht immer, die Geschwindigkeit von Autos abzuschätzen.

Ein toter Hausmarder am Rand einer Autobahn.

Der Jungfuchs

Füchse ziehen ihren Nutzen aus den Unfallopfern der Straße, da Aas einen Teil ihrer Nahrung umfaßt. Gegen Ende des Sommers verlassen die Jungfüchse ihre Eltern und machen sich auf die Suche nach einem eigenen Revier, um dort eine Familie zu gründen. Dabei legen sie weite Strecken zurück. Diese gerade erwachsen gewordenen Füchse sind noch völlig unerfahren und überqueren die Straßen sehr unvorsichtig.

Und noch viele andere

Das Kaninchen, der Feldhase, der Ziegenmelker, der Dachs, der Hausmarder, das Reh, die Schleiereule und noch viele andere ... sie alle sind häufig Opfer des Straßenverkehrs.

Bulldozer und Tiere

Heute zeigt Bernhard den Kindern ein wenig beachtetes Gebiet: eine Baustelle. Genaugenommen ist es eine Sandgrube. Ohne Absicht schufen die Menschen „falsche" natürliche Lebensräume, die einige Pflanzen- und Tierarten zu schätzen wissen. So einen Lebensraum könnte man als „Ersatzbiotop" bezeichnen, da er einen natürlichen Lebensraum, der zerstört wurde, ersetzt. Der Abbau von Kies und Sand schuf Türme und Pfützen, machmal entstanden auch künstliche Höhlen.
Unsere drei Freunde verlassen das Auto, setzen sich auf einen Abhang der Grube und betrachten das riesige Sandbecken.

Die Bewohner müssen oft umziehen

„Man fühlt sich wie am Mond, da sind ja richtige Krater", sagt Anne.
„Schau, dort unten", ruft Susanna, „dort stehen ein Bulldozer und eine Dampfwalze. Weshalb stehen die noch hier? Hier wird doch nicht mehr gearbeitet!"
„Du hast recht", erklärt Bernhard, „aber die Sandgrube wurde nur zum Teil abgebaut. Versetzt euch doch einmal in die Lage eines Tieres. Ist das nicht ein guter Platz für ihren Lebensraum?"
„Na ja", antwortet Susanna nicht sehr überzeugt.
„Auf alle Fälle ist diese Sandgrube ein neues Biotop für alle Tiere, die damit zurechtkommen können. Die Menschen haben ihnen aber noch andere Baustellen zur Verfügung gestellt: Kiesgruben, Ziegeleien, Mergelgruben usw . . .

Leider sind diese künstlichen Lebensräume sehr instabil und bestehen zeitlich begrenzt, weil sie die Menschen immer wieder nach ihrem Bedarf verändern. Ein Beispiel: falls der Abbau einer Sandgrube nicht mehr rentabel ist, verwandeln sie die Menschen in eine große Mülldeponie und füllen sie mit Abfall. Die „Bewohner" dieser Gebiete werden delogiert und müssen umziehen. Schaut euch diese Sandgrube einmal an und überlegt, welche Tiere hier wohnen könnten."

Überall Löcher

„Auf der Wand könnten welche leben; dort gibt es viele kleine Löcher", sagt Susanna und zeigt auf einen sandigen Abhang.
„Stimmt. Dort leben höhlenbrütende Vögel, deren Nest nichts anderes ist als ein Tunnel im Sand. Die Uferschwalben und die Bienenfresser leben hier in Kolonien und verwandeln solche Sandwände richtiggehend zu ‚Schweizerkäse'. Man muß auch noch die Dohlen und die Hohltauben erwähnen, die wir auf unserem Spaziergang sicher noch sehen werden. Diese Vögel sind ständig auf der Suche nach Höhlen und Felsen und halten sich gerne in Sandgruben auf. Schaut, da ist übrigens ein Dohlenschwarm am Himmel", sagt Bernhard.
„Gänge im Sand müßten doch auch für Kaninchen gut geeignet sein, und für Füchse", meint Anne.
„Davon gibt es hier sicherlich viele. Sucht schnell einmal ein Kaninchenloch, das ist ganz einfach."
Die beiden Mädchen hüpfen fröhlich durch den

◀ Die kleine Gruppe untersucht den feuchten Boden einer Sandgrube.

▲ Während der Fortpflanzungsperiode siedeln sich einige Kolonien von Uferschwalben in den geraden Wänden einer Sandgrube an. Jedes Pärchen gräbt einen Gang, an dessen Ende das Nest angelegt wird.

◀ Die Dohlen schätzen das künstliche Biotop.

▲ Ein kleiner Augenblick der Entspannung.

Sand, laufen den Abhang hinunter und suchen eifrig nach Kaninchenlöchern.
„Ich hab eines", schreit Anne.
„Gut, am Grubeneingang waren auch schon einige. Aber das ist noch nicht alles. In dieser Sandgrube gibt es noch viele Besonderheiten. Ihr müßt nur genau schauen."

Die Sahara im kleinen

„Die Sandgrube schaut aber nicht sehr interessant aus. Es gibt keine Pflanzen, nur Sandhügel. Eine richtige kleine Wüste!" sagt Susanna.
„Richtig! Aber ihr werdet sehen, daß auch ohne Vegetation und trotz der Trockenheit Tiere hier wohnen. Und was sagt ihr zu der Pfütze am Grund der Grube? Das Regenwasser rinnt dort zusammen und bildet kleine Wasserlachen. Zu welcher Jahreszeit man sie auch betrachtet, sie sind voll mit Lebewesen. Schauen wir uns das genauer an."
Sie gehen in die Grube hinunter und beginnen die Überquerung der „kleinen Wüste" in Richtung Pfütze.

Vögel als Schauspieler

„Oh, schaut auf den Boden! Ein Vogel versucht wegzufliegen... Da, ganz nahe bei mir", ruft Anne, die etwas weiter seitlich geht, „er ist verletzt. Sein Flügel hängt herunter. Was sollen wir denn machen?"
„Das ist ein kleiner Regenpfeifer. Dieser Stelzvogel baut kein Nest, er legt seine Eier direkt auf den Boden. Im Augenblick versucht er deine Aufmerksamkeit zu erwecken, indem er sich verletzt stellt. Auf diese Weise lockt er dich von seinem Gelege weg. Sein Flügel ist nicht gebrochen. Schau, jetzt fliegt er hoch und stößt seinen Warnruf aus."
„Na so etwas! Sehr witzig", sagt Anne beleidigt.
„Das ist ein sehr guter Trick vieler Vogelarten aus dieser Familie. Ihre Gelege sind aber auch durch die Farbe der Eier geschützt, die der Farbe des Kieses oder Sandes entspricht. Die Tarnung ist fast perfekt. Schaut genau; wo ihr hintretet, hier nisten noch andere Vögel am Boden."

▼ Der kleine Regenpfeifer brütet am Boden. Die Farbe seiner Eier stimmt mit der Farbe des Untergrundes vollkommen überein.

► Während des Tages ruhen sich die Ziegenmelker auf dem Boden aus, die Tarnfarbe ihres Gefieders macht sie fast unsichtbar.

...oder als Imitatoren

„Täuschen die auch eine Verletzung vor, um ihre Eier zu schützen, wie der kleine Regenpfeifer?" fragt Anne.
„Es gibt auch noch andere wirksame Methoden", sagt Bernhard. „Der Ziegenmelker lebt auch am Grund der Kiesgruben und benutzt die Farbe seines Gefieders, um ungebetene Gäste zu täuschen. Muster und Färbung des Gefieders des Ziegenmelkers ähneln derart dem Untergrund, daß er es sich erlauben kann, ganz unbeweglich, wie festgeklebt, auf seinen Eiern zu sitzen. Er ist fast unsichtbar. Diese Art der Tarnung nennt man Mimese."
Die kleine Gruppe setzt die Wanderung zum Tümpel fort. Sobald sie sich auf ein paar Meter nähern, ermahnt Bernhard die Kinder, langsam zu gehen und ruhig zu sein. Gekrächze, Flügelschläge, eine Folge von „Plobs" ins Wasser... Die Bewohner des Tümpels haben die Ankunft der Besucher bemerkt.
„Es stimmt, hier ist die ganze Welt zu Hause", stellt Anne fest.
„Hops, schaut! Vier Stockenten und ein Fischreiher sind gerade weggeflogen. Schade!"
Susanna ist als erste angelangt. Seit sie den Trick des Regenpfeifers kennt, hört sie nicht auf, den Boden zu beobachten. „Kommt schnell", sagt sie plötzlich, „ein kleiner Frosch."
Die beiden anderen kommen gelaufen. Viele kleine Lurche, wie dieser Frosch, leben in den überschwemmten Kiesgruben.

▼ Ein kleiner Frosch in Susannas Hand.

Abfallfresser

Einige Wildtiere folgten den Spuren der Menschen und bilden die Gruppe der Abfallfresser. Einleitend sei gesagt, daß die Abfallfresser vielerlei fressen und sich mit einfachen Mahlzeiten begnügen. Die meisten sind Allesfresser. Einige fressen auch Aas.
Aber, um sich in diese Gruppe von „Rumtreibern" einzufügen, benötigen Neuankömmlinge drei Dinge: große Intelligenz, Unempfindlichkeit gegenüber Biotopveränderungen und Widerstandsfähigkeit gegenüber der Umweltverschmutzung.

Die Wanderratte frißt alle Arten von Abfall.

Der Weg der Küchenabfälle

Der Mensch entledigt sich einer Fülle von Müll. Diese Abfälle machen eine Reise in mehreren Etappen. Der Beginn erfolgt im allgemeinen in der Küche. Nur Insekten und einige kleine Nagetiere besitzen die Frechheit, schon hier Nutznießer zu sein. Die Hausmaus ist sicher die Verwegenste, verhält sich aber immer sehr vorsichtig, weil die Hausfrauen mit ihr kein Pardon kennen. Die Abfälle werden schließlich in ein Gefäß gegeben — in den Abfalleimer, mit dem man sie aus dem Haus bringen kann. Die Reise wird kurz unterbrochen, wenn die Eimer im Garten oder auf der Straße stehen. Während der Nacht können die Eimer von einem Igel, einer Ratte oder einem Fuchs aufgesucht werden. Am nächsten Morgen kommt ein riesiger Lastwagen und nimmt den Abfall des gesamten Gebietes in seinen großen Container auf. Während der Fahrt sind die Abfälle für die Tiere unerreichbar. Die Reise der Abfälle ist beendet, sobald sie ihren Bestimmungsort erreicht haben: eine Wiederaufbereitungsanlage oder eine Mülldeponie. Die letztere ist der Treffpunkt der Abfallfresser.

Der Fuchs hat eine Vorliebe für Abfall.

Die Müllhalde als Lebensraum

Die Schuttabladeplätze und Mülldeponien befinden sich auf natürlichem oder künstlichem Ödland abseits der Stadtzentren. Sumpfiger Boden, Pfützen und ehemalige Sandgruben werden dazu verwendet. Leider zerstört die Umwandlung dieser Gebiete zu großen „Mülleimern" gute Feuchtbiotope. Das ist ein großes Unglück für die Lurche. Viele Kröten, zum Beispiel, werden von dem Müllberg begraben. Den Überlebenden bleibt nichts anderes übrig, als umzuziehen.
Im Winter wird eine Müllhalde zur Speisekammer für Tausende von Vögeln, obwohl nur wenige Arten dort vertreten sind. Sie haben Gemeinsamkeiten: den Hang, Radau zu machen, und eigenartigerweise

ein Gefieder in den Farben Schwarz, Weiß oder Schwarz und Weiß. Das Schauspiel ist beeindruckend, manchmal sogar beängstigend. Lachmöwen, Silbermöwen und Heringsmöwen bilden weiße Schwärme über den Abfällen. Sie verursachen ungeheuren Lärm. Die Stare vereinigen sich ebenfalls zu Hunderten oder Tausenden und formen riesige „Wolken" von Vögeln.

Die Müllhalden sind für sie die idealen Speisekammern. In der Dämmerung kehren sie zu ihren Schlafplätzen zurück, die sich viele Kilometer entfernt von ihrem Futterplatz befinden. Die Abfallplätze werden auch sehr von den Krähen und Dohlen

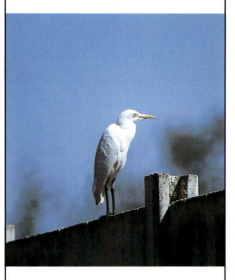

Der Kuhreiher hat sich an den Beton gewöhnt.

geschätzt, die sich gerne unter die Möwenarten mischen. Die Elster ist zwar diskreter, aber ebenfalls immer mit von der Partie. Der Kuhreiher ist ein großer Stelzvogel aus der Familie der Reiher. Dieser weiße Reiher folgt häufig Rinderherden und befreit die Tiere von ihren Parasiten. Er ist auf diese Weise sehr nützlich und breitet sich mehr und mehr aus und besiedelt neue Gegenden. Es scheint, als ob er alle Kontinente erobern will. Könnte es wegen seiner Vorliebe für Abfälle und Aas sein?

Die Kolkraben und die Alpendohlen sind Gebirgsvögel, die nichts gegen den Tourismus haben, denn er beschert ihnen Abfälle und Unrat. Wie die anderen Rabenvögel halten sie sich aber auch auf Mülldeponien auf.

Der Rote Milan und der Schwarze Milan sind Aasfresser, die sich gerne in den Abfällen herumtreiben. Der Schwarze Milan ist der einzige Vogel, der indirekt aus der Umweltverschmutzung seinen Nutzen zieht. Er ernährt sich nämlich von toten Fischen,

Im Winter überfliegen die Lachmöwen die Mülldeponien.

Ein schwarzer Milan auf der Lauer.

die an der Oberfläche von Gewässern treiben.

Die Wanderratten sind die häufigsten und bekanntesten Liebhaber von Abfällen. Mit großangelegten Kampagnen versucht man ihre Vermehrung in den Kanälen und Getreidesilos zu bremsen.

Die Waldmäuse sind anpassungsfähige Allesfresser. Man bemerkt sie oft gar nicht zwischen den Abfällen.

Rotfüchse besuchen die Müllhalden, da sie dort nicht nur Abfälle, sondern auch lebende Ratten, Feldmäuse und Vögel finden. Der Fuchs ist der größte Feind der Abfallfresser.

Die Krähe, ein häufiger Gast bei Mülldeponien.

Ein Baum steht unter Anklage

Bernhard und seine Freunde sind den Abhang der Sandgrube wieder hochgeklettert und befinden sich nun am Rand eines schattigen Waldes.
„Bevor wir in diesen Wald gehen", sagt Bernhard, „müßt ihr wissen, daß viele Wälder künstliche Aufforstungen sind, die der Mensch in Intensivwirtschaft betreut. Heutzutage sind die Techniken der Waldwirtschaft gleich denen der Landwirtschaft; es werden nur wenige Baumarten angepflanzt, weil sie schnell das gewünschte Holz liefern und ökonomisch rentabel sind. Diese neuen Anpflanzungen haben viele der ursprünglichen Landschaften verdrängt und greifen oft stark in die Umgebung ein."
Bernhard nennt dabei die Fichte, einen Nadelbaum, der auf natürlichem Standort nur in den nordischen Ländern und im Gebirge zu finden ist. Aber nun sind die „dunklen" Fichtenwälder überall zu Eindringlingen geworden.
Die kleine Gruppe verhält sich sehr leise. Aber trotzdem gibt eine Amsel einen Warnruf ab und kündigt den anderen Waldbewohnern den Besuch von Fremden an. Hundert Meter weiter macht ein Eichelhäher dasselbe, so als ob ein einziger Wachposten nicht genügen würde. Bernhard führt die Kinder in den Wald, dessen Rand so dicht verwachsen ist, daß sie sich bücken müssen, um hineinzukommen.
„Wie schattig es in diesem Wald ist! Du führst uns immer irgendwohin, wo es besonders finster ist", sagt Susanna.
„Aber es ist doch sehr angenehm, über diesen Nadelteppich zu gehen. Er ist ganz weich", antwortet Bernhard, der mitten im Wald stehengeblieben ist, direkt neben einem kleinen Bach.
„Wir befinden uns hier in einer Fichtenkultur. Das sind keine Tannenbäume. Man kann das an den Nadeln erkennen. Sie sind bei Fichten spitz. Diese in Reih und Glied stehenden Nadelbäume haben nicht nur Vorteile. Die durstigen Bäume saugen alles vorhandene Wasser auf, sowohl das Regenwasser als auch das Bodenwasser."
„Woher kommt das Bodenwasser?" fragt Anne.
„Das Regenwasser kehrt auf mehreren Wegen zu den Ozeanen und Meeren zurück. Es kann über die Bodenoberfläche rieseln und bald wieder in einen Flußlauf kommen. Es kann aber auch in den Boden eindringen und in Form von Quellen wieder an der Oberfläche erscheinen. Geht es tiefer hinunter, so bildet es den Grundwasserspiegel.
Das Sickerwasser schafft in den Felsen große Wasserreserven. Auch dieses Wasser gelangt wieder einmal in die Meere, allerdings viel langsamer als durch die Flüsse."
„Wenn die Fichten alles vorhandene Wasser aufsaugen, dann bekommen doch die anderen Bäume und Sträucher nichts", stellt Susanna fest.
„Da hast du recht, aber das ist noch nicht alles. Die großen Fichten wirken wie Schirme und lassen das Sonnenlicht nicht bis zum Boden vordringen, und die abfallenden Nadeln bilden einen dicken Teppich, der die Erde erstickt und den Boden sauer macht."

Viel Arbeit für die Bodenbakterien

„Werden die Nadeln nicht wie die abgestorbenen Blätter zersetzt?" fragt Anne.
„Doch, aber das geht sehr langsam. Die Bodenwürmer und die Bakterien müssen dabei sehr viel Zersetzungsarbeit leisten. Fichtennadeln verrotten viel schlechter und langsamer als Blätter.

▲ Die Fichtenwälder breiten sich immer mehr aus, da sie sehr rentabel sind.

◄ Die Kinder hören Bernhard zu, der ihnen erklärt, daß Nadelbäume viel Wasser brauchen.

▶ Das Wintergoldhähnchen kommt vor allem in Nadelwäldern vor.

Die Bäume stehen meistens auch so gedrängt, daß sich sehr viele Nadeln anhäufen. Die Bakterien kommen mit ihrer Arbeit nicht nach. Ihre Arbeit übernehmen schließlich verschiedene Pilze. Jeder leistet seine Aufgabe, denn die Bakterien brauchen zum Leben eine saure Umgebung, die Pilze hingegen eine alkalische."

Die Fichten sind schuld am Verschwinden anderer Pflanzen

„Kein Licht, kein Wasser, ein saurer und nährstoffarmer Boden, das klingt nicht gut . . ."
„Da hast du recht. Das ist auch die Ursache, daß es in Fichtenwäldern keinen Unterwuchs und keine Krautschichte gibt. Diese dunklen Wälder werden zu Wüsten, die auch von Rehen und Hirschen nur selten besucht werden. Und noch etwas anderes geschieht. Die Bäche, die durch den Wald fließen, wie dieser hier, verändern sich zusehends, und die Tierwelt in ihnen verkümmert.
Der Mangel an Licht, der Nadelteppich im Bachbett und das saure Wasser verhindern die Entwicklung der Wasserorganismen. Viele Pflanzen, Mikroorganismen, Insekten, Muscheln, Eisvögel und Fischotter, ganz lange Nahrungsketten, sind bereits verschwunden."
„Es gibt aber überall Fichtenkulturen. Weshalb pflanzt man so viele an?" fragt Susanna.
„Die Menschen sind an diesen Bäumen interessiert, weil sie schnell und gerade wachsen. Ihr Holz hat keine besondere Qualität, aber es läßt sich leicht zerkleinern und wird zur Papierherstellung verwendet — die Menschen brauchen ja sehr viel Papier. Die Nutzung der Bäume ist daher gewinnbringend, und das wird als das Wichtigste betrachtet", erklärt Bernhard mit einem ironischen Unterton.

Die Fichten haben aber auch Freunde

Plötzlich beendet Bernhard das Gespräch, spitzt die Ohren und schaut in die Höhe. „Ssit, ssit" — ist es ganz leise aus den Zweigen zu hören.
„Oh, es gibt also doch Vögel in diesem dunklen Wald", stellt Anne fest.
„Das ist ein Wintergoldhähnchen. Die beiden Goldhähnchenarten, die Tannenmeise und die Haubenmeise sowie der Fichtenkreuzschnabel sind typische Vögel der Nadelwälder. Die Fichten bringen nicht nur Nachteile. Im Winter bieten sie noch vielen anderen Vögeln Schutz.
Die Zapfen der Fichten enthalten schmackhafte Samen, die im Winter herausfallen. Aber es ist gar nicht leicht, diese Samen zu öffnen. Nur einige Spezialisten haben das Talent und vor allem die Geduld, diese Arbeit durchzuführen, zum Beispiel das Eichhörnchen, die Feldmaus, die Waldmaus, der Buntspecht und der Fichtenkreuzschnabel."

◀ Der Birkhahn ist ein Moorbewohner. In einigen Gebieten ist dieser Vogel durch das Verschwinden seines natürlichen Lebensraumes bereits gefährdet.

▲ Nach dieser Pause achten die drei Freunde darauf, daß sie keinen Abfall zurücklassen.

Abhilfe für diese Probleme

„Was soll man mit den Fichtenwäldern tun? Alle schlägern?" sagt Anne besorgt.
„Man darf eine Baumart nicht für alles verantwortlich machen und wieder verschwinden lassen. Auch die Fichten spielen ihre Rolle in der Natur. Alles ist eine Frage des Gleichgewichtes. Diese Pflanzen sind Eindringlinge, und ihre Wälder haben den Platz von vielen anderen natürlichen Lebensräumen eingenommen. Landschaften, in denen man keine landwirtschaftlichen Kulturen anlegen konnte, wurden als „Ödland" bezeichnet und „aufgeforstet", das bedeutet, es wurden Fichten angepflanzt. Die Tiere und Pflanzen, die ursprünglich in diesen Gebieten lebten, wurden verdrängt. Wichtig wäre es, die Veränderung der Landschaft zu verhindern. Um die Schäden zu verringern, sollte man auch die Fichten nicht so eng pflanzen und somit ermöglichen, daß Licht und Regenwasser den Boden erreichen. Das wäre eine Hilfe für die Bodenwürmer und Bakterien zur Erneuerung der Erde. Andere Pflanzen könnten wieder wachsen, der Unterwuchs wäre wieder vorhanden, und auch in die Bäche würde wieder Leben zurückkehren."
Bernhard schlägt vor, an den Waldrand zurückzukehren und zu picknicken.

Die kranken Wälder

Satt und ausgeruht machen sich die Kinder wieder auf den Weg und gehen weiter in den Wald hinein. Plötzlich bleibt Bernhard bei einigen hohen Fichten stehen und betrachtet deren Gipfel.
„Was haltet ihr von diesen Bäumen?" fragt er die beiden Mädchen.
„Ihre Spitzen sind ja ganz rot! Sie sehen aus, als ob sie absterben würden", beginnt Susanna.
„Du hast recht, sie sind krank. Vielleicht wegen des sauren Regens."
„Was ist ein saurer Regen?"
„Es ist, als ob es Essig regnen würde. Die Regentropfen sind nicht sauber. Sie enthalten chemische Stoffe, die eine Reizwirkung auf Pflanzen haben, wie der Essig, den wir zum Kochen verwenden. Diese Regenfälle verändern den Boden, der der Pflanze die Nährstoffe gibt, oder sie verätzen die Pflanzen direkt. Millionen von Fichten, Föhren und Buchen sind bereits krank. Sie werden leicht von Pilzen und anderen Parasiten befallen, durch die sie dann endgültig umgebracht werden."
„Wird das alles durch die Luftverschmutzung verursacht?"
„So ist es. In erster Linie sind dafür die Fabriken und die Motorfahrzeuge, die viel Energie verbrauchen, verantwortlich. Die Verbrennung

von Öl oder Kohle läßt Gase entstehen, die in die Atmosphäre abgegeben werden. Auch giftige Gase, wie Schwefeldioxid und Stickstoff werden frei und von den Winden über viele Kilometer weit weggeblasen. Wenn sich Regenwolken bilden, reagieren diese chemischen Stoffe mit dem Sauerstoff und dem Wasserdampf.
Die entstehenden Säuren gelangen mit dem Regen in die Erde; ebenso durch Hagel, Schnee und Nebel. Oft geschieht das erst Hunderte von Kilometern entfernt von den Produktionsstätten."
„Die Wälder eines Landes können so die Opfer von umweltverschmutzenden Fabriken ganz anderer Länder werden", stellt Susanna fest.
„Das ist ja das große Unglück. Die chemische Verschmutzung der Luft und des Wassers kennt keine Grenzen. Ebenso verhält es sich mit der radioaktiven Verseuchung: die Einwohner von Lappland und Italien sind zum Beispiel die Opfer des Kernkraftunfalls in Tschernobyl, in der Sowjetunion, geworden.

▶ Der Todeskampf eines Nadelbaumes, die Folge des sauren Regens.

Um die weltweite Verschmutzung einzudämmen, benötigt man gemeinsame Entscheidungen aller Länder eines oder mehrerer Kontinente. Die Verantwortlichen — falls es die überhaupt gibt — verstehen oft nichts davon oder schieben sich die Schuld gegenseitig zu."
„Vergiftet der saure Regen auch die Flüsse und die Seen?"
„Sicherlich. Viele skandinavische Seen sind schon abgestorben durch die Giftgase, die von deutschen Fabriken abgegeben werden. Mehr Bakterien, mehr Algen, mehr Gift! Nur die Pilze vermehren sich, aber gerade die belasten das Leben in Gewässern noch zusätzlich."
Beunruhigt über all die Dinge, die sie erfahren haben, betrachten die Kinder die kranken Bäume. Dann gehen sie wieder zurück, kommen noch einmal an dem schönen Waldrand vorbei und erreichen schließlich das Auto. Ihnen ist klar, daß sie auf der Rückfahrt mit dem Auto selbst auch Stickstoff an die Luft abgeben werden.

◀ Balancieren auf abgestorbenen Bäumen.

Die Zerstörung der Feuchtbiotope

Tümpel und Feuchtwiesen werden selten

Diese stehenden Gewässer können oft nicht mehr existieren. Schuld daran ist das Absinken des Grundwasserspiegels.
Die Feuchtzonen werden vom Menschen aber oft auch als unnütz und unproduktiv betrachtet. Aus diesem Grund werden viele mit Erde, Industrieabfall oder Müll aufgefüllt. Andere werden entwässert oder trockengelegt. Pfützen werden betoniert, und Sümpfe werden verdrängt durch Fichtenkulturen, Bauparzellen, Autobahnen oder Erholungseinrichtungen.

Ein Tümpel, der zu einer Abfallgrube wurde.

Eine Bläßhuhnfamilie, die sich an die veränderte Umgebung angepaßt hat.

Auch Bäche und Flüsse verändern sich

Diese Veränderungen sind meist zum Nachteil für die Wasserorganismen. Die Einrichtungen, die von den Menschen geschaffen wurden, um den Lauf eines Flusses zu „verbessern", haben sich für die Lebewesen negativ ausgewirkt. Schaufelbagger entfernen die natürlichen Ufer und ersetzen sie durch steile Hänge aus Erde oder Beton, auf denen keine Pflanzen wachsen können.
Bei starken Regenfällen oder zur Zeit der Schneeschmelze bildet das Hochwasser üblicherweise neben dem Flußbett tiefe Rillen, in denen das Wasser ruhig stehenbleibt. Durch die Ausbaggerung, Schottergewinnung und Begradigung werden diese für viele Organismen wichtigen Stillwasserzonen beseitigt. Die Tümpel, die die Flußläufe begleiten, trocknen aus und werden mit Fichtenkulturen bepflanzt.

Der Todeskampf des Wassers

Einige Meere sind die größten Mülleimer der Erde. Die Nordsee und das Mittelmeer sind bereits derart verschmutzt, daß Touristen an einigen Stränden nicht mehr zu baden wagen. Manchmal ist das Meer schwarz, manchmal rot oder grün. Die Menschen werfen tausende Tonnen Öl und giftige Abfälle direkt in das Meer. Aber das ist noch nicht alles: die Meere erhalten auch noch alle chemischen Produkte der Kontinente, die ihnen von den Flüssen zugeführt werden. Die Flüsse und Ströme haben sehr respektlose Nachbarn: Fabriken und Landwirtschaftsflächen. Viele Industrieabfälle und Pestizide, die in der Landwirtschaft verwendet werden, finden sich im Wasser wieder. Diese chemischen Produkte haben zwar sehr komplizierte Namen, ihre Wirkung ist aber leicht im Gedächtnis zu behalten: langfristig töten sie die Lebewesen. Einige Flüsse werden auch durch Wärmebelastung geschädigt: das Wasser wird erwärmt und bringt die Hölle für die Tierwelt, die keine Möglichkeit hat, sich davor zu schützen. Für dieses Phänomen sind die Atomkraftwerke verantwortlich.

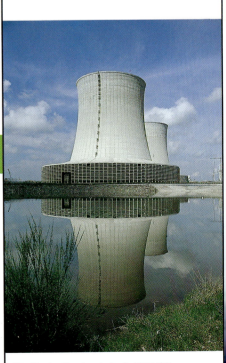

Die Atomkraftwerke sind schuld an der Erwärmung des Flußwassers.

Die schwarzen Meere

Meere sind aus drei Gründen mit Öl verschmutzt:
- Öltanker haben Unfälle, und ihre Ladung fließt ins Meer.
- Kapitäne mißachten Gesetze und reinigen heimlich ihre Schiffe im Meer.
- Die Ölbohrungen auf dem Meeresgrund verlaufen nicht immer mit der entsprechenden Reinlichkeit.

Unfähig, sich zu bewegen, wird diese Lumme an Hunger und Durst sterben.

Die Opfer

Bei den Vögeln, die der Ölverschmutzung zum Opfer fallen, handelt es sich in erster Linie um Schwimm- und Tauchvögel. Sie gehören mehreren Familien an: den Alken (Lummen, Papageientaucher, Tordalk), den Seetauchern (verschiedene Taucherarten), den Entenvögeln (Eiderente, Trauerente . . .) und den Kormoranen. Zu ihrem großen Pech verbringen diese Vögel nicht nur viel Zeit an der Wasseroberfläche, sondern werden auch vom Aussehen des Ölteppichs getäuscht. Die armen Vögel verwechseln ihn mit Stillwasserzonen, die üblicherweise viele Fische enthalten, und werden auch von den Schwebstoffen angezogen, die die Ölteppiche bedecken. Eine schreckliche Falle!

Die Silbermöwen und Seeschwalben sind Segler. Daher erleiden sie weniger Schaden. Verschmutztes Gefieder bedeutet eine Vergiftung über die Haut. Der Kontakt der Federn mit Öl hat drei Folgen:
- In vielen Fällen macht es den Vogel sehr schwer und bewegungsunfähig. Das Tier ertrinkt oder verhungert, weil es sich nicht mehr auf Nahrungssuche begeben kann.
- Die Struktur der Federn gerät in Unordnung. Das Gefieder wird wasserdurchlässig und kann seine Aufgabe als Temperaturregulator nicht mehr erfüllen. Der Vogel erfriert.
- Die Vermehrung der Vögel wird verhindert. Wenn ihr Bauch leicht verseucht ist, überträgt sich die Giftwirkung beim Brüten auf die Eier. Einige Öltropfen auf der Schale eines Eies genügen, um den Embryo in seiner Entwicklung zu behindern oder zu töten.

Die Vögel nehmen das Öl auf zwei Arten auf:
- Wenn ihr Gefieder verschmutzt ist, reinigen sie es sofort und kommen so mit dem Öl direkt in Berührung.
- Die Ölverschmutzung schädigt als erstes Pflanzen, Wirbellose und Fische. Die Meeresvögel, das nächste Glied in der Nahrungskette, fressen die Fische und nehmen auf diese Art große Mengen von Öl auf. Tiere, die Öl gefressen haben, müssen nicht unbedingt sterben. Aber ihr Organismus gerät aus dem Gleichgewicht. Sie werden immer schwächer und erkranken schließlich. Sie können sich nicht mehr fortpflanzen und haben auch Schwierigkeiten, Belastungen auszuhalten: ein Sturm oder Nahrungsmangel reichen dann oft aus, daß sie sterben. Einige Meeresvogelarten sind bereits vom Aussterben bedroht, da sie durch die Vergiftung keine Nachkommen mehr haben. Hoffnung gibt es für die Opfer nur dann, wenn sie an einen Strand gelangen und für die Menschen erreichbar werden. Viele Tiere wurden von den Menschen geheilt und wieder in ihre natürliche Umwelt zurückgebracht. Die Rettung der Überlebenden ist allerdings nicht immer erfolgreich.

Wer wohnt in diesem Bau?

Susanna, Anne, Nicolas und Hans sind heute schon sehr zeitig aufgestanden, da sie sich bereits um 8 Uhr mit ihrem Freund Bernhard treffen. Während des ganzen Sommers haben sich ihre Gedanken schon mit diesem Ausflug beschäftigt. Es waren lange Wochen, in denen sie sich nicht gesehen haben.
Vorige Woche nun hat Bernhard ihnen versprochen, sie auf die Entdeckungsreise zu zwei eigenartigen Naturbewohnern mitzunehmen: Der Dachs und der Fuchs sollen heute besucht werden. Bernhard hat ihnen schon viel über diese beiden Tiere erzählt, die zwar im selben Biotop leben, allerdings sehr unterschiedliche Verhaltensweisen zeigen: der eine ist scheu und seßhaft, der andere kühn und viel unterwegs. Der Dachs ist sehr empfindlich gegenüber Veränderungen seines natürlichen Lebensraumes. Der Fuchs hingegen hat sich sehr gut angepaßt und zieht seine Vorteile daraus.
Die Landschaft ist ein wenig mit Schnee bedeckt, und der Boden ist gefroren. Da ist das Autofahren schon etwas gefährlich. Bernhard hat das Auto vorsichtig in einem Waldweg geparkt und überquert mit seinen vier Freunden eine Wiese, die in einen kleinen Wald mündet.

Ein unbekannter Pfad

„Auf dieser Wiese gibt es einen kleinen Pfad", sagt Hans. Tatsächlich ist der Schnee auf einer Strecke niedergetrampelt. Der Weg scheint stark benutzt zu sein.
„Haben das Kühe gemacht?" fragt Susanna.
„Sicher nicht, im Winter sind die Kühe in den Ställen", antwortet Bernhard.

„Vielleicht waren es Spaziergänger?" meint Nicolas.
Bei näherer Betrachtung stellen die Kinder fest, daß der Pfad unter dem Zaun, der die Wiese begrenzt, durchführt.
„Das ist unmöglich, hier können weder Tiere noch Menschen durch", stellt Susanna fest. Bernhard lächelt, hockt sich an der Stelle nieder, wo der Pfad unter dem Zaun durchführt und zeigt den Kindern einige Haarbüschel, die am Stacheldraht hängen.
„So einen Pfad bezeichnet man als ‚Trampelpfad'. Er wurde von einer Dachsfamilie gemacht. Diese Haare hier sind Dachshaare. Früher hat man daraus Rasierpinsel hergestellt.
Der Trampelpfad ist ein kleiner Weg, der dadurch entsteht, daß die Tiere ihn immer wieder benutzen, wenn sie ihren Bau verlassen oder wieder zu ihm zurückkommen. Sie gehen immer wieder dieselbe Strecke, die sie an ihrem eigenen Duft wiedererkennen. Der Geruchssinn und der Gehörsinn, das sind die beiden Sinne, die beim Dachs am besten entwickelt sind. Wir sollten den Trampelpfad nicht betreten, da die Tiere bei ihrem nächsten Ausgang sofort unseren Duft bemerken würden und durch die Anwesenheit von Fremden verängstigt werden.
Der Trampelpfad mündet in das Wäldchen. Vielleicht finden wir den Dachsbau", erklärt Bernhard.

Ein unsichtbares Tier

„Wie sieht ein Dachs aus?" fragt Hans „Ich habe noch nie einen gesehen."
„Um einen Dachs zu sehen, braucht man viel Glück und Geduld. Er verläßt seinen Bau nur in der

▲ Einen Dachs im Schnee sieht man nur sehr selten, da er seine Aktivitäten während des Winters verringert.

▼ Bernhard und die Kinder untersuchen einen Trampelpfad.

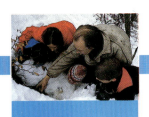

▶ Bernhard zeigt auf eine Dachsspur im Schnee.

▼ Eine Dachsspur auf einem schneefreien Platz.

Dämmerung oder in der Nacht", sagt Bernhard. „Ist er nachtaktiv?"
„Ja. Zu dieser Jahreszeit ist es besonders schwer, einen Dachs zu sehen, da seine Betriebsamkeit während der Wintermonate stark abnimmt. Er bleibt zumeist in seinem Bau."
„Er hält also einen Winterschlaf", stellt Anne fest.
„Es ist kein richtiger Winterschlaf, wie bei einem Murmeltier oder einem Siebenschläfer, die mehrere Monate fest schlafen. Der Dachs verbraucht nur weniger Energie und schlummert viel in seinem Bau. Er verläßt ihn aber ungefähr jeden vierten Tag", stellt Bernhard richtig.

Auf Spurensuche

„Da, schaut", ruft Nicolas plötzlich und zeigt auf den Boden, „ein Fußabdruck von einem Bären."
Bernhard lacht: „Das muß aber ein sehr kleiner Bär gewesen sein. Außerdem gibt es bei uns keine Bären. Nein, das ist der Abdruck von einem Dachs. Er ist sehr breit und hat daher schon eine gewisse Ähnlichkeit mit dem eines Bären. Schaut, man kann die Krallen deutlich erkennen."
„Die sind aber groß", sagt Hans überrascht.
„Die Krallen des Dachses sind sehr gut entwickelt, denn er ist ein Grabtier. Er braucht sie zum Aufgraben des Bodens", sagt Bernhard.

Ein Haus unter der Erde

Die kleine Gruppe ist in dem Wäldchen angelangt und folgt dem Trampelpfad, der schließlich in einen großen Graben mündet. Die kleinen Böschungen, die den Graben begrenzen, sind mit Erdhügeln übersät.
„Da, ein Dachs!" ruft Anne, als ein Tier bei ihrem Näherkommen davonläuft.
„Aber, das war doch nur ein Kaninchen", sagt Nicolas. „Es ist ganz nahe an mir vorbeigelaufen.

Ich habe es deutlich gesehen. Dort unten ist es im Bau verschwunden."

„Kommt, schauen wir uns das näher an", sagt Bernhard. Der Trampelpfad ist immer deutlicher zu sehen und mündet in einen riesigen Bau. Mehrere dunkle Löcher führen in die Tiefe. Begrenzt sind sie von Erdhaufen. Unmengen von Erde wurden herausgeräumt.

„Der Ausgang von dem großen Loch sieht aus wie eine Rutschbahn", bemerkt Susanna.

„Das ist typisch für den Dachsbau. Beim Hauptausgang ist durch das viele Kommen und Gehen die Erde so niedergetrampelt, daß es an eine Dachrinne oder eine Rutschbahn erinnert. Die Erde ist hier sehr fest und glatt", erklärt Bernhard.

„Geht es da tief hinein?" will Anne wissen.

„Es ist ein richtiges unterirdisches Labyrinth aus Gängen, die sich über Dutzende Meter erstrecken. Es gibt auch Kammern. Ein richtiges Haus. Die Dachse sorgen sehr gut für ihren Bau. Sie reinigen ihn und bessern ihn im Herbst immer wieder aus. Sie sind wirklich gute ‚Hausfrauen'.

Die Tiere graben sehr gerne. Auch wenn ihr Bau groß genug ist, um die ganze Familie unterzubringen, legen sie doch jedes Jahr neue Gänge an. Sie scheinen diese Arbeit sehr gerne zu machen."

▲ Der Bau des Dachses hat einen Haupteingang, der in ein Labyrinth von Gängen führt.

Gute Kameraden

„Weshalb ist das Kaninchen zuerst in den Dachsbau gelaufen? Es wird gefressen werden", sagt Hans besorgt.

„Dachse könnten sich zwar von Kaninchen ernähren, aber sie ziehen andere Nahrung vor. Die Dachse sind sehr gastfreundlich und überlassen einen Teil ihres Baues auch anderen Tieren: in erster Linie handelt es sich dabei um Kaninchen, wie ihr schon selbst bemerkt habt. Aber es gibt auch noch einen anderen Gast, den müßt ihr erraten."

Bernhard geht, gefolgt von den Kindern, den kleinen Abhang hinunter und bleibt vor dem Haupteingang zum Bau stehen.

„Beobachtet den Boden genau, fällt euch nichts auf?"

„Doch", sagt Hans, „Spuren im Schnee. Sie sehen aus wie von einem Hund."

„Welches Wildtier hat Fußspuren wie ein Hund?" fragt Bernhard.

„Der Wolf", antwortet Nicolas sofort.

„Es gibt aber bei uns keine Wölfe."
„Der Fuchs", meint Susanna.
„Richtig", antwortet Bernard, „der Fuchs kann gemeinsam mit dem Dachs leben. Eigentlich müßte man sagen, daß der Fuchs ein richtiger Vagabund ist und den Dachs für ihn die Arbeit machen läßt. Der Fuchs hat keinen festen Aufenthaltsort; er ist viel unterwegs und benutzt den Bau nur als Zufluchtsstätte.
Im Frühjahr suchen sich die Füchse einen Bau — oder graben ihn auch selbst — um dort ihre Jungen zur Welt zu bringen. Nur während dieser Zeit bleibt die Fuchsfamilie ständig in einem Bau. Aber nur so lange, bis die Jungfüchse allein zurechtkommen können."
Hans ist erstaunt: „Und der Dachs, der Fuchs und das Kaninchen — kämpfen die nie miteinander?"
„Für die Kaninchen ist es sogar sehr günstig, da sie hier der Dachs und der Fuchs, der ihr ärgster Feind ist, in Ruhe läßt. Der Bau ist ein Ort, an dem nicht gekämpft wird, hier geht es absolut friedlich zu. Der Bau ist kein Jagdrevier.
Allerdings überläßt der Dachs dem Fuchs und dem Kaninchen nur diejenigen Teile des Baues, die er selbst nicht viel benutzt", ergänzt Bernhard.
„Leben alle drei Arten immer zusammen?" fragt Anne.
„Nein, diese Arten graben sich auch oft einen eigenen Bau, den sie dann allein bewohnen. Fuchs und Kaninchen leben sehr oft ohne Nachbarn. Manchmal leben auch nur zwei Arten zusammen, der Fuchs und das Kaninchen oder der Fuchs und der Dachs.
„Gibt es viele Dachse in diesem Wald?" fragt Susanna sehr interessiert.
„Die Häufigkeit ihres Vorkommens hängt von verschiedenen Dingen ab", antwortet ihr Bernhard. Die Veränderungen durch die Zivilisation stören das Tier, das viel Ruhe braucht, immer mehr. Die Dachse leiden auch darunter, daß die Wälder und Wiesen, wo sie ihre Nahrung finden, verschwinden und an deren Stelle große Getreidefelder, Fichtenwälder oder Gebäude treten.
Es gibt immer weniger artgerechte Biotope, und außerdem sind die Pestizide, die in der Landwirtschaft verwendet werden, giftig für die Bodenwürmer und -insekten, die wiederum die Nahrung für die Dachse bilden.
Die Füchse haben es da wesentlich besser: sie passen sich schnell an eine neue Umgebung an, die ihnen die Menschen aufgedrängt haben. Man kann die Füchse in den Siedlungen finden, ebenso in Sandgruben, längs der Autobahnen und der Eisenbahnlinien. Abenteuerlustig und wenig anspruchsvoll, wie sie sind, kommen sie gut damit zurecht.
Der Dachs hat auch eine geringere Fortpflanzungsrate als der Fuchs. Eine Dachsmutter bringt im Jahr drei bis vier Junge zur Welt, ein Fuchs hingegen, bei günstigen Bedingungen, bis zu acht Stück. Die Sterblichkeitsrate bei den Füchsen wird durch die hohe Geburtenrate schnell ausgeglichen.

▲ Bernhard und die Kinder bemühen sich, den Trampelpfad des Dachses nicht zu betreten.

▲ Jede Art hat ihren Zufluchtsort in diesem gemeinsamen „Haus".

◀ Ein Bahndamm bietet manchmal interessante Entdeckungen.

Heute ist es so, daß die Zahl der Dachse sinkt, die der Füchse hingegen ansteigt. In manchen Gegenden sind die Dachse sogar schon von der Ausrottung bedroht und müssen daher streng geschützt werden."
Bernhard schlägt nun den Kindern vor, wieder zurückzugehen.
„Die Dachse haben uns sicherlich schon bemerkt. Sie sind sehr wachsam. Lassen wir sie in Ruhe."

Baue in der Nähe von menschlichen Wohnstätten

Bernhard startet das Auto, und die Fahrt geht zurück zur Stadt.
„Bevor wir zurückfahren, möchte ich euch noch einen Bau zeigen", kündigt Bernhard den Kindern an.

„So nahe bei den Häusern?" wundert sich Susanna.
„Ja, auf dem Bahndamm, ungefähr hundert Meter entfernt von dem Haus, das du dort unten siehst."
„Das muß ein Kaninchenbau sein", sagt Anne fest überzeugt.
„Nein, ein Fuchsbau", erwidert Bernhard.
„Füchse? So nahe bei den Menschen?" Anne ist sehr erstaunt.
„Viele Leute wollen das nicht glauben, weil man die Füchse in Siedlungen nur sehr selten sieht.
Sie verhalten sich sehr unauffällig und kommen nur in der Nacht heraus. Ihre Anwesenheit merkt man aber daran, daß aus den benachbarten Hühnerställen die Hühner fehlen.
Ich kenne auch Fuchsbaue, die in Gärten angelegt sind; häufig hat sie der Gartenbesitzer gar nicht bemerkt", erklärt Bernhard und geht mit den Kindern zum Bahndamm.

▶ Ein Jungfuchs im Alter von eineinhalb Monaten. In diesem Alter treibt er sich bereits außerhalb des Baues herum und spielt mit den anderen Familienmitgliedern.

▲ Der Bau des Fuchses liegt versteckter als der des Dachses. Aber die umherliegenden Federn und anderen Mahlzeitsreste zeigen die Anwesenheit von Fuchsjungen an.

Bewohnter oder verlassener Bau?

Die kleine Gruppe klettert die steile Böschung hinauf und findet einen Bau — mit Eingängen, nicht viel größer als ein Fußball.
„Ist er bewohnt?" fragt Hans.
Bernhard kniet sich vor die Hauptöffnung und schnuppert, als ob er etwas Bestimmtes riechen wollte.
„Hier riecht es nicht nach Fuchs. Aber es gibt noch andere Hinweise. Seht ihr das Spinnennetz, das sich über die ganze Öffnung zieht, und die abgefallenen Blätter, die sich am Eingang häufen. Das alles sind Anzeichen, daß in der letzten Zeit kein Fuchs hier durchgekommen ist. Voriges Jahr, im Juni, hat ein Fuchs mit fünf Jungen hier gewohnt. Man sah es an den vielen Spuren, dem Kot und den Mahlzeitsresten rundherum. Den starken Duft eines Fuchses hätten wir außerdem schon zehn Meter entfernt vom Bau gerochen. Wir werden im Frühjahr wiederkommen und schauen, ob der Fuchs seinen Bau wieder bezogen hat und hier seine Jungen zur Welt bringt. Füchse wechseln aber auch von Jahr zu Jahr ihren Bau; sie sind nicht so seßhaft wie die Dachse."

Gefahren und Bedrohungen für den Dachs

Die Schlingen werden vor den Eingang des Baues oder längs des Trampelpfades gelegt.

Die Feinde des Dachses

Der Dachs hat keinen natürlichen Feind. Es kommt sehr selten vor, daß ihn ein Raubtier angreift. Er ist selbst ein Tier, das sich an der Spitze der Nahrungspyramide befindet. Vom Menschen werden die Dachse aber oft verfolgt. Einige Leute machen die Dachsbaue mit Hilfe von Foxterriern ausfindig und zerstören sie. Diese Hunderasse ist spezialisiert auf das Auffinden von Bauen. Andere Leute stellen den Dachsen Fallen, indem sie Schlingen auslegen. Diese Schlingen sind nichts anderes als Bremskabel von Fahrrädern, in die man einen Knoten macht. Damit erdrosseln sich die Tiere. Die Schlingen werden vor den Ausgang des Baus gelegt oder entlang der Trampelpfade, da die Fallensteller genau wissen, daß die Dachse immer dieselben Plätze aufsuchen. Manche Menschen erschießen sie oder legen vergiftete Eier in den Wäldern als Köder aus. Weshalb werden die Dachse getötet? Es handelt sich bei ihnen ja nicht um eßbares Wildbret. Den Dachsen wird nachgesagt, daß sie kleine Wildtiere vertreiben und Getreidefelder verwüsten. Selbst wenn diese stark übertriebenen Gewohnheiten ab und zu den Interessen des Menschen widersprechen, verdient der Dachs wohl nicht eine derartige Verfolgung.

Krankheiten

Tollwut und Tuberkulose sind die beiden Krankheiten, denen viele Dachse zum Opfer fallen. Die Tollwut, die über ganz Europa verbreitet ist, wird durch Viren und die vor allem in England beheimatete Tuberkulose durch Bakterien verursacht.
Unglücklicherweise können diese Krankheiten auch auf den Menschen und auf Haustiere übertragen werden. Das Risiko

Wie viele seiner Artgenossen, starb dieser Dachs an Tollwut.

Schlägerungsarbeiten zerstören viele Dachsbaue. Die Dachse sind dadurch gezwungen, umzuziehen.

der Ansteckung fördert das Mißtrauen gegen die Dachse. Was die Tollwut betrifft, begeht man damit eine Ungerechtigkeit gegenüber den Dachsen. Um diese Krankheit, die von Füchsen übertragen wird, einzudämmen, hat man beschlossen, die Nester der Füchse in den Bauen zu vergasen.
Unglücklicherweise verwechseln die Menschen oft die Fuchs- und die Dachsbaue oder vergasen Baue, in denen Fuchs und Dachs gemeinsam leben. Die Tollwut selbst sowie die Maßnahmen der Menschen dagegen bedeuten den Tod für viele Dachse.

Das Verschwinden natürlicher Lebensräume

Die menschliche Zivilisation hat viele natürliche Biotope zum Verschwinden gebracht und Naturlandschaften immer mehr verdrängt. Die ruhigen Plätze, die der Dachs bevorzugt, werden immer weniger.
Die Vernichtung von Unterholz und Hecken ebenso wie die Schlägerungen von Wäldern für die Holzindustrie haben viele Baue zerstört.

Störungen

Dachse sind auch sehr empfindlich gegenüber Störungen. Sie verlassen ihren Bau, falls sie zu häufig von Hunden und Spaziergängern „besucht" werden.

Verkehrsunfälle

Dachse werden sehr häufig auf Straßen, die sie bei der Nahrungssuche überqueren, überfahren. Sobald sie die Infratöne hören, die von den Autos abgegeben werden, bleiben sie vor Schreck starr stehen, als würden sie darauf warten, überfahren zu werden.

Nahrungskonkurrenz

Es gibt konkurrenzierende Tierarten, die die gleiche Nahrung beanspruchen. Der Fuchs ist ein Beispiel dafür: Gibt es im Territorium einer Dachsfamilie viele Füchse, leiden die Dachse darunter. Manche Biologen meinen, daß die Zunahme der Füchse zum Teil für die Verringerung der Dachspopulationen verantwortlich ist.

Die Umweltverschmutzung

Um ihren Ernteertrag zu steigern, vernichten die Menschen Schädlinge mit Hilfe von Pestiziden.
Viele Vögel und insektenfressende Säugetiere finden in diesen Feldern, die zu wahren Wüsten wurden, nichts mehr zum Fressen.
Auch die Dachse bekommen diesen Nahrungsmangel zu spüren.
Falls sie aber tatsächlich Bodenwürmer und -insekten finden, vergiften sie sich durch die Aufnahme dieser mit Pestiziden verseuchten Beute.

Die Füchse und die Tollwut

In Europa wurde die Tollwut früher von Hunden übertragen. Jetzt wird diese Viruserkrankung von einem Wildtier verbreitet: dem Fuchs. Die Epidemie nahm ihren Anfang nach dem Zweiten Weltkrieg in Polen und ist jetzt über fast ganz Europa verbreitet. Die Tollwut endet für den Fuchs oder andere Säugetiere immer tödlich. Zuvor aber kann ein Fuchs die Krankheit auf andere Füchse, aber auch auf andere Wildtiere und Haustiere übertragen. Die Rinder und die Dachse werden oft angesteckt, da sie in der Nähe der Füchse leben. Sie können dann ihrerseits die Tollwut weiter übertragen.

Ein tollwütiger Fuchs.

Ein Fuchs nähert sich Rindern.

Ein Fuchs frißt einen Immunstoff.

Die Krankheit ist fast immer die Folge eines Bisses. Die Krankheitserreger befinden sich im Speichel des kranken Tieres und werden mit dem Biß weitergegeben. Sie wandern dann langsam in das Gehirn des infizierten Tieres, vermehren sich dort und gelangen schließlich wieder in die Speicheldrüsen. Hier ist die Reise des Virus zu Ende. Nun kann er ausgeschieden werden und, im Falle eines Bisses, ein neues Opfer befallen.
Sehr schnell kann es zu einem Biß kommen, da die Giftstoffe, die vom Virus in das Gehirn abgesondert werden, eine Krankheit hervorrufen, die durch ein ganz besonderes Verhalten gekennzeichnet ist: Das kranke Tier benimmt sich verrückt, sein Verhalten ist nicht normal. Ein tollwütiger Fuchs fürchtet nichts und niemand und nähert sich Menschen und Tieren, wie sonst nur zahme Tiere es tun. Dieses Verhalten wird von aggressiven Anfällen unterbrochen, wobei die Füchse andere Lebewesen beißen. Das Ende der Krankheit bedeutet Lähmung mit darauffolgendem Tod.

Um die Menschen und die Haustiere zu schützen, beschloß man, die Anzahl der Füchse zu dezimieren. Auf diese Weise glaubte man, die Risken einer Ansteckung verringern zu können. Seit zwanzig Jahren wird eifrig Jagd auf die Füchse gemacht. Eine Methode besteht darin, die gesamte Fuchsfamilie in ihrem Bau zu ersticken — unter Verwendung von Giftgasen.

Dennoch richtet die Tollwut immer noch großen Schaden an. Daher waren die Forscher gezwungen, zur Bekämpfung der Krankheit ein anderes Mittel zu finden. Warum sollte man die Füchse nicht immun gegen Tollwut machen, haben sie sich gefragt. Das schien in der freien Natur schwer realisierbar. Aber nach mehrjähriger Forschung fand man die ideale Immunisierung. Ein Impfstoff wird in das Innere des Köders getan, der aussieht wie ein Riegel Schokolade, aber nach Fisch riecht; diesen Duft lieben die Füchse. In einigen Ländern hat man Tausende dieser Köder in der Natur verstreut. Wenn die Füchse daran knabbern, werden sie immun und schützen sich dadurch vor der Krankheit. Diese Methode ist sehr sanft und umweltbewußt.

Das Leben im Schloß

Während der Winterferien wollen die Kinder gerne mit Bernhard einen anderen ungewöhnlichen Ort aufsuchen.
„Gut", meint Bernhard, „aber nicht mehr auf eine Mülldeponie. Ganz im Gegenteil, wir werden ein Schloß besuchen."
Die vier Freunde sind ein wenig erstaunt und erwarten mit Ungeduld diesen Besuch.
Bernhard und die Kinder fahren mit dem Auto entlang der Felder und durch einen kleinen, dunklen Wald zu einem alten Schloß, bei dessen Anblick Susanna ängstlich ausruft: „Das Schloß ist schon ganz verfallen, hier wohnt sicher ein Gespenst."

Die Natur hat sich ihre Rechte wieder genommen

„Beruhige dich, hier spukt es nicht", antwortet Bernhard. „Das Schloß ist schon lange nicht mehr bewohnt und zu einer Ruine geworden, aber ihr werdet euch wundern, wen ihr hier treffen werdet."
„Was? Hier wohnt doch noch jemand?"
„Nein, das sicher nicht. Nachdem die Menschen diesen edlen Aufenthaltsort verlassen haben, hat sich die Natur wieder alle Rechte genommen und ist zum neuen Eigentümer geworden. Sie hat das Schloß in einen wunderbaren Wohnort für viele Tiere umgewandelt. Zuerst hat sie es verschönert. Schaut euch die Kletterpflanzen an, die die Fassade überwuchern, die kleinen Büsche, die zu ihren Füßen herauswachsen, und die Moose, die viele Nischen auskleiden."
„Dort oben wächst sogar ein großer Baum auf einer alten Terrasse", bemerkt Anne.
„Aber fast alle Fensterscheiben sind zerbrochen, das sieht häßlich aus", sagt Susanna.

„So sehen es nur die Menschen. Ein verfallenes Schloß ist ein trauriger Anblick, aber die Wildtiere sehen das anders. Diese zerbrochenen Fensterscheiben ermöglichen es den Tieren, ins Innere des Gebäudes zu kommen. Aber jetzt wollen wir das Schloß besichtigen."

Eine künstliche Felsküste

In dem Augenblick, wo die fünf Freunde aus dem Auto steigen, erregt ein Riesenspektakel auf dem Dach des Schlosses ihre Aufmerksamkeit.
Ein Dutzend Vögel fliegt lärmend auf, als ob es über die Störung verärgert wäre.
„Was ist da los?" sagt Hans, etwas irritiert über diesen Empfang.
„Das sind Dohlen und Hohltauben. Diese beiden Vogelarten leben gerne in alten Gemäuern. Sie bauen ihre Nester in Mauernischen."
„Wenn es keine alten Schlösser gäbe, könnten diese Tiere dann gar nicht existieren?" fragt Anne.
„Diese Vögel gab es natürlich schon lange bevor die Menschen Häuser aus Stein bauten. Die Dohlen lebten an Felsküsten und Felswänden. Aber als die Menschen begannen, große Gebäude aus Stein zu errichten, wie Kirchen, Kathedralen, Türme und Schlösser, fanden die Vögel, daß diese Bauten sehr ihrem natürlichen Lebensraum ähneln und haben sich dort niedergelassen. Andere Tiere reagierten ebenso und folgten den Dohlen auf ihre künstlichen Felsen: Die Schleiereule, der Turmfalke, der Hausrotschwanz, der Mauersegler, der Hausmarder und die Fledermäuse leben in diesen Gebäuden ebenso gerne wie in ihren natürlichen und wilden Felsen", erklärt Bernhard.

▶ Pflanzen, wo immer man auch hinsieht, sogar auf dem Dach und in den Nischen der Fassade.

▼ Hohltauben

Ein Lebewohl an die toten Bäume

„Die Hohltauben, die jetzt weggeflogen sind, lebten auch auf Felsen?" fragt Nicolas.

„Nein, bei den Hohltauben liegt der Fall anders. Der Grund, weshalb sie sich in Gemäuer zurückgezogen haben, ist sehr traurig. Früher bauten sie ihre Nester in Baumhöhlen. Sie sind höhlenbrütende Vögel, die, wie die Spechte, die Kleiber und einige Eulenarten, auf der Suche nach alten, morschen Baumstämmen waren."

„Solche Bäume findet man doch in jedem Wald. Warum haben die Vögel sie denn verlassen? Weshalb bauen sie ihre Nester lieber in den Mauernischen von Häusern?" fragt Hans.

„In einigen Gebieten verschwinden die morschen Bäume und alten Baumstümpfe, die den höhlenbrütenden Vögeln gute Nistplätze boten, immer mehr. Die Menschen meinen, daß diese morschen Bäume nutzlos sind und den Wald oder Garten nur verschandeln. Aus dieser falschen Einstellung heraus wurden die alten Bäume entfernt. Die Vögel müssen sich die wenigen, noch verbleibenden Bäume teilen, und das führt häufig zu einem großen Gerangel. Außerdem werden die Stare, ebenfalls Höhlenbrüter, immer zahlreicher und entwickeln sich zu richtigen Eindringlingen. Das bereitet anderen Vögeln viel Kummer, denn die Stare bemächtigen sich in egoistischer Weise vieler Hohlräume und vertreiben Vögel, die sich bereits eingenistet haben. Das ist der Grund, warum sich viele Vögel in die Gemäuer und auf die Dächer alter Gebäude zurückgezogen haben."

Bernhard fordert die Kinder auf, ins Innere der Ruine zu gehen, aber zuerst nimmt er noch eine Taschenlampe aus dem Kofferraum des Autos.

„Warum nimmst du eine Taschenlampe mit?" fragt Susanna erstaunt.

„Weil wir bald die Bekanntschaft mit Fledermäusen auf ihrem Ruheplatz machen werden! Folgt mir leise nach. Seid vorsichtig und paßt auf, wo ihr hintretet, es liegen viele Mauertrümmer auf dem Boden."

▲ Tote Bäume bieten Wohnstätte und Nahrung für eine Vielzahl von Wildtieren.

◄ Ein natürlicher Hohlraum in einem Baum, ein traumhaftes Nest für höhlenbrütende Vögel.

▶ Diese Fledermaus überlebt den Winter dank ihres Energiesparprogrammes. Wenn man sie aufweckt, zwingt man sie unnötig, Energie zu verbrauchen.

Die vier Kinder fühlen sich zwar nicht sehr sicher, aber sie folgen Bernhard, der bereits im Schloß verschwunden ist. Er steigt über eine dunkle Treppe direkt in den Keller hinunter. Es ist dunkel und sehr feucht. Das Geräusch des herabtropfenden Wassers schallt durch den Raum. Bernhard knipst die Taschenlampe ein und beginnt die Decken der Kellerräume abzusuchen. Er betrachtet die verstecktesten Winkel und durchsucht die kleinsten Ritzen, die einem Tier Obdach gewähren könnten.

Ein Leben in Zeitlupe

„Ah, da ist eine ...", flüstert Bernhard und leuchtet in einen Spalt zwischen den Ziegeln. „Da ist eine Fledermaus."
Hans hat sie sofort entdeckt: „Die kleine Wollkugel, die da an der Decke hängt? Ist die tot? Sie ist ja ganz starr und voll mit Wassertröpfchen."
„Vergiß nicht, daß wir Winter haben und einige Tiere Winterschlaf halten. Sie schläft tief und fest ... mit dem Kopf nach unten."

„Wie kann sie da fressen?" fragt Anne.
„Vor dem Winter hat sie enorm viele Insekten gefressen und sehr stark zugenommen. Das Fett, das sie gespeichert hat, ist eine Energiereserve, die sie während des Winterschlafs verbraucht. Sie muß daher keine Nahrung aufnehmen. In dieser Jahreszeit hätte sie auch große Schwierigkeiten, Insekten zu finden."
„Und damit kann sie so viele Monate überleben? Wieso kann sie es so lange aushalten?" fragt Susanne verwundert.
„Die Fledermäuse haben einen Sinn für Sparsamkeit. Sie tun alles, um möglichst wenig Energie zu verbrauchen oder gar zu verschwenden. Das können sie nur erreichen, wenn sie schlafen: sie stoppen alle ihre Aktivitäten und bleiben unbeweglich. Die innere Maschine der Fledermäuse läuft auf Sparflamme: die Herzschläge und die Atemzüge sind sehr verringert. Man könnte die Fledermaus im Winter mit einem Motor vergleichen, der gedrosselt läuft und dadurch viel weniger Benzin verbraucht. Schließlich sinkt die Körpertemperatur dieses kleinen Säugetiers während des Winterschlafs immer mehr und mehr, bis diese den Wert der Außentemperatur erreicht."

Nicht nur in Höhlen

„Ich habe geglaubt, Fledermäuse wohnen nur in Höhlen. Wieso ist die in diesen eisigen Keller gekommen?" fragt Susanna.

„Es gibt viele Fledermausarten, und jede hat ihr bevorzugtes Winterquartier. Manche leben nur in natürlichen oder künstlichen Höhlen, andere fühlen sich auch in menschlichen Behausungen wohl. Sie logieren dann in einer dunklen Ecke eines Dachbodens, eines Rauchfangs oder eines Kellers. Kirchtürme sind auch ein herrlicher Wohnort. Einige Arten bevorzugen alte, hohle Bäume. Die baumbewohnenden Fledermäuse leiden ebenso wie die höhlenbrütenden Vögel daran, daß es nur mehr sehr wenige abgestorbene Baumstämme gibt."

Nicolas unterbricht ihn: „Müssen sie nicht von Zeit zu Zeit trinken?"

„Die Fledermäuse suchen sich für ihren Winterschlaf ein sehr feuchtes Gebiet aus. Dadurch können sie in ihrem Körper Wasser sparen. Aber trotzdem müssen sie von Zeit zu Zeit aufwachen und am nächstmöglichen Platz Wasser aufnehmen. Daß sie hin und wieder aufwachen, ist in ihrem ökonomischen Sparprogramm vorgesehen. Dennoch soll der Winterschlaf eines Tieres nicht zu häufig unterbrochen werden, da jedes Erwachen sehr viel Energie verbraucht. Nur wenige Unterbrechungen genügen, damit das Tier bis zum Frühjahr überleben kann. Nun ist es aber Zeit, diese Fledermaus in Ruhe zu lassen. Wenn wir sie noch weiter anleuchten und sprechen, wacht sie vielleicht auf, und das wäre schade. Gehen wir jetzt."

Bernhard und die Kinder gehen die Treppe vorsichtig hinauf und kehren ans Tageslicht zurück.

Eine neue Schloßherrin

„Unsere Exkursion ist noch nicht beendet", sagt Bernhard. „Wir waren jetzt ganz unten, nun gehen wir ganz hinauf. Wollt ihr?"

„Aufs Dach?" fragt Anne erstaunt.

„Nein, aber fast. Wir werden den Dachboden erforschen."

Sie klettern die Treppen hoch und achten darauf, keinen Lärm zu machen. Einige Stufen knarren unter ihren Füßen, das ist unvermeidbar. Ein paar Hohltauben haben die Eindringlinge sofort bemerkt und fliegen mit kräftigen Flügelschlägen aufs Dach.

„Ganz still jetzt! Wir haben die Stelle erreicht, wo die Schleiereule wohnt", kündigt Bernhard mit sehr leiser Stimme an. „Diese kleine Holzleiter noch, dann die Klapptür, und wir sind oben."

Mit klopfenden Herzen legen die Kinder die letzte Etappe zurück, Bernhard öffnet die Klapptür. Eine große, weiße Gestalt erscheint, durchquert leise den Dachboden und verschwindet durch eine Dachluke, deren Fensterscheibe zerbrochen ist, nach außen. Anne sperrt den Mund weit auf.

„Nun, was sagt ihr? Ist diese Eule nicht prachtvoll?" sagt Bernhard zu den Kindern, die stumm und staunend neben ihm stehen.

„Was macht sie hier ganz allein?" fragt Hans.

„Dieser Dachboden ist der Platz, wo sie sich tagsüber aufhält. Sie schläft fast den ganzen Tag. Am Abend geht sie dann auf Jagd."

Bernhard zeigt den Kindern noch einige interessante Dinge in der Wohnstätte dieser geheimnisvollen Schloßherrin.

Die Gewölle

Nicolas bemerkt kleine Kügelchen aus Haaren auf dem Boden. „Was ist das? Sind das die Ausscheidungen der Fledermaus?"

„Das sind Gewölle. Man darf sie nicht mit den Ausscheidungen verwechseln. Die Eule ernährt sich von Feldmäusen, Hausmäusen, Spitzmäusen und Fledermäusen. Sie tötet ihre Beute und

◀ Viele Vögel, Insekten und Fledermäuse leben gerne auf alten Dachböden.

verschlingt sie dann ganz, ohne sie zu zerbeißen. Im Magen werden die unverdaulichen Bestandteile der Nahrung ausgesondert, Knochen und Haare, zum Beispiel, können nicht verdaut werden. Die unbrauchbaren Stoffe häufen sich im Magen an und bilden feste Kugeln, die die Eule von Zeit zu Zeit hochwürgt. Sie speit die Gewölle aus." Bernhard will die Schleiereule nicht länger stören und sagt zu den Kindern: „Kommt, gehen wir wieder hinunter, denn die Schleiereule möchte sicher gerne weiterschlafen."

▲ Bernhard erklärt die Architektur eines alten Wespennestes.

Andere Bewohner

„Was sind das für kleine, weiße Kugeln, die an der Decke hängen?" fragt Bernhard die Kinder, als sie die Klapptür wieder erreichen. Er nimmt eine Kugel von der Decke und gibt sie Hans in die Hand.
„Das fühlt sich ja an wie Papier", stellt er fest.
„Das ist ein altes Wespennest", erklärt Bernhard. „Die Wespen leben in Staaten, die aus Weibchen, Männchen und Arbeiterinnen bestehen. Nur die fruchtbaren Weibchen, die ‚Königinnen', überleben den Winter. Sie überwintern an geschützten

▶ Wespen befestigen ihre Papiernester am Gebälk des Daches.

Plätzen, im Frühjahr erwachen sie und suchen einen geeigneten Platz, um ein neues Nest zu bauen. Wie ihr seht, dieser Dachboden war geeignet!"

„Wie baut die Wespenkönigin das Nest aus Papier?" fragt Susanna.

„Im Gegensatz zu den Bienen haben die Wespen keine Wachsdrüsen und können daher keine Waben aus Wachs bauen. Aber sie haben kräftige Mundwerkzeuge, mit denen sie Holz abnagen können. Mit Hilfe ihres Speichels zerkneten sie es und bilden einen Brei, der nach dem Trocknen zu Papier wird. Die Chinesen, denen man die Erfindung des Papiers zuschreibt, haben es den Wespen eigentlich nur nachgemacht, denn das Rezept ist das gleiche", erklärt Bernhard den Kindern.

Bernard zieht die Hülle aus Papier herunter, die eine Schutzschichte um das eigentliche Nest bildet. Die Kinder sehen, daß sich im Inneren mehrere Etagen von Waben befinden — richtige kleine Kammern aus Papier!

„Die ersten Hohlräume hat die Königin selbst gebaut, um ihre Eier abzulegen. Sie legt in jeden Hohlraum ein Ei und zieht die Larve mit Fleischstückchen groß. Die Larven entwickeln sich zu Arbeiterinnen und übernehmen dann den Nestbau und die Futterbeschaffung. Ab diesem Zeitpunkt widmet sich die Königin nur mehr dem Eierlegen."

„Bekommen die Larven keinen Nektar oder Pollen zu fressen?" fragt Nicolas.

„Nein, nur die Bienen füttern ihre Larven mit Nektar und Pollen. Die Wespen sind Fleischfresser, ihre Larven bekommen Insekten oder Fleischstückchen."

Nicht alle Häuser sind gastfreundlich

„Das wäre schön, wenn es in unserem Haus auch so viele Tiere gäbe", seufzt Susanna.

„Leider haben die modernen Häuser glatte Fassaden und weniger Hohlräume als die alten Steinhäuser. Sie sind auch selten mit Kletterpflanzen bewachsen. Die neuen Häuser haben auch keine Dachluken, durch deren zerbrochene Fensterscheiben Fledermäuse und Schleiereulen hineinkönnen. Sie sind für Tiere nicht sehr gastfreundlich.

Außerdem werden die Tiere sehr schnell von den Hausbewohnern verjagt, wenn sie fürwitzig in ein Gebäude eingedrungen sind. Bauern, die einen Hausmarder oder eine Eule auf ihrem Boden dulden, findet man wohl auch nur mehr sehr selten. Die Luken in Kirchtürmen werden häufig zugestopft, und damit ist den Fledermäusen, Schleiereulen, Dohlen, Staren und Haustauben, die dort miteinander leben würden, der Zugang versperrt.

Die Magie des Giftes

„Die Bauern können doch nicht alle Nagetiere erwischen, die es sich in ihrer Scheune schmecken lassen?" meint Hans.
„Sie kaufen lieber Gift, als die natürlichen Feinde der Ratten und Mäuse einzusetzen."
„Das ist aber nicht sehr klug", entgegnet Nicolas. „Die Menschen unserer Tage zeigen eine Vorliebe für Gift, vielleicht, weil es für sie eine wundersame Wirksamkeit hat. Aber die Menschheit ist schon immer dem Fehler verfallen, die negativen Eigenheiten eines Tieres strenger zu beurteilen als die positiven. Vom Hausmarder sehen die Menschen nur, daß er ihre Hühnerställe plündert, und das verzeihen sie ihm nicht. Es stimmt zwar, daß dieses kleine Raubtier nicht immer der Versuchung widerstehen kann, ein Huhn zu fressen, aber die meiste Zeit hilft es den Menschen und befreit sie von Nagetieren, die ihre Dachböden und Scheunen bewohnen. Wer im Schatten steht, bekommt wohl keinen Dank."

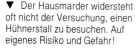

▼ Der Hausmarder widersteht oft nicht der Versuchung, einen Hühnerstall zu besuchen. Auf eigenes Risiko und Gefahr!

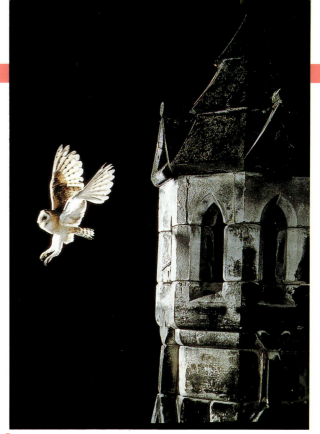

▲ Alte Gemäuer, die der Schleiereule Unterschlupf bieten, findet man selten.

Opfer ihres schlechten Rufes

„Ich verstehe nicht, weshalb auch die Schleiereule nicht willkommen ist. Sie frißt ja keine Hühner", überlegt Susanna.
„Die Nachtvögel und die Fledermäuse haben abergläubische Menschen immer schon erschreckt. Man darf nicht vergessen, daß die Menschen tagsüber aktiv sind und sich im Dunkeln eher unsicher fühlen. Vor der Dunkelheit haben sie immer schon Angst gehabt. Außerdem lassen sich die Menschen sehr von Äußerlichkeiten leiten: Tiere, deren Aussehen ihnen nicht gefällt, werden als unheilbringend angesehen, und früher wurden sie sogar als verfluchte Kreaturen betrachtet, als Komplizen von Hexen, ja sogar des Teufels selbst. Wie viele Kröten, Schlangen, Fledermäuse, Nachtgreifvögel und andere unschuldige Tiere haben darunter schon gelitten! Wahre Märtyrer!" schließt Bernhard. „Aber los jetzt! Gehen wir zum Auto. Vielleicht erleben wir auf der Rückfahrt noch etwas Wunderbares, denn die Natur ist ein Schatzkästchen ohne Ende."

Bildquellennachweis

S. VERHEYLEWEGEN: S. 7; S. 8 o. l., u. l.; S. 11 o; S. 19 o. l.; S. 20 o. l.; S. 21 u. r.; S. 25 u.; S. 28 o. r.; S. 29 u.; S. 33; S. 34 r.; S. 35 o.; S. 36; S. 38; S. 45 o., u. r.; S. 49; S. 50; S. 51 u.

B. BROCHIER: S. 16 o.; S. 17 u.; S. 19 o. r.; S. 22 u.; S. 23; S. 25 o.; S. 28 o. l.; S. 30 o. m.; S. 34 l.; S. 39; S. 40; S. 41; S. 42; S. 43; S. 46 o.

G. LACZ: S. 9; S. 35 u.

F. GOHIER-JACANA: S. 8 u. r.

AGNOSTIDIS-NATURE: S. 17 o.; S. 20 u. r.; S. 21 o. r.

D. HUBAUT, A.B.P.N.: S. 13 u. r.; S. 14 u.; S. 31 r.; S. 46 u.

D. ARNHEIM, A.B.P.N.: S. 19 u. l.

D. CHOUSSY-NATURE: S. 10; S. 13 o. r.

FRANCO-BONNARD-NATURE: S. 12.

H. CHAUMETON-NATURE: S. 16 u.; S. 26.

Y. LANCEAU-NATURE: S. 22 o.; S. 31 l.

M. DANEGGER-JACANA: S. 11 u.

A. SAUNIER-NATURE: S. 29 o.

B. AUCANTE-NATURE: S. 30 u.

F. SAUER-NATURE: S. 14 o.

N.H.P.A. DALTON-NATURE: S. 51 o.

H. DE WAVRIN, A.B.P.N.: S. 45 u.

J. KALPERS, C.N.E.R.P.A.S. Nancy: S. 17 u.

B. BAUDHUIN: S. 7 u. l.

Umschlaggestaltung: P. Loiseau
Buchgestaltung: M. Deru

Zeichenerklärung   o.: oben   u.: unten
m.: Mitte   r.: rechts   l.: links

Bibliographie

— Bang P., Dahlstrom P., *Guide des traces d'animaux* Delachaux et Niestlé   Neufchâtel - Paris 1974
— Chinery M., *Le multiguide nature des insectes d'Europe,* Bordas   Paris 1985
— Cousteau J. Y., *Almanach Cousteau de l'environnement,* Robert Laffont 1981
— Zeitschrift *«La Hulotte»* n° 36, 37, 42, 43, 45, 46, 47, 53 Boult-au-Bois   08240 Buzancy,
Publication de la Société de Protection de la Nature: «L'Epine noire»
— Zeitschrift *Naturopa* n° 43, 45
Centre européen d'information pour la conservation de la nature du Conseil de l'Europe, Strasbourg
— Sammlung *Ce que dit la nature,* Ed. Hatier
— Sammlung *«CEMEA»,* Ed. Hachette

REGISTER

A
Alke 31
Alpendohle 23
Amsel 24

B
Bienenfresser 18
Birkhahn 28
Bläßhuhn 30
Buche 28
Buntspecht 26

D
Dachs 15, 32, 33, 34, 35, 36, 37, 38, 39, 40
Dohle 18, 23, 44, 45, 50

E
Eichelhäher 24
Eichhörnchen 26
Eiderente 31
Elster 9, 10, 23

F
Feldhase 13, 15
Feldmaus 12, 13, 26, 49
Fichte 25, 26, 28
Fichtenkreuzschnabel 26
Fischadler 13
Fischreiher 21
Fledermaus 44, 47, 48, 50
Föhre 28
Frosch 17, 21
Fuchs 9, 15, 22, 23, 32, 35, 36, 37, 38, 39, 40, 41, 42

G
Greifvogel 10, 11, 13, 23

H
Habicht 13
Häher 10
Haubenmeise 26
Hausmarder 15, 44, 50
Hausmaus (Maus) 22
Hausrotschwanz 44
Haustaube 50
Heringsmöwe 23
Hirsch 11
Höhlenbrüter 18, 46, 47, 48
Hohltaube 18, 46

I
Igel 11

K
Kaninchen 15, 34, 35, 36, 37
Kormoran 31
Krähe 7, 8, 9, 10
Kröte 11, 14, 15, 22
Kuhreiher 23

L
Lachmöwe 23
Lumme 31

M
Mauersegler 44
Mäusebussard 8, 9, 10, 11, 12
Murmeltier 13

N
Nadelbaum

O
Ödland 28

P
Papageientaucher 31
Pilz 26, 28, 29
Pfütze 30

R
Rabe 8, 23
Familie der Raben 8, 10
Ratte 22
Regenpfeifer 20
Reh 11, 15
Reiher 23
Roter Milan 9, 23

S
Schlangenadler 13
Schleiereule 15, 44, 49, 50, 51
Schwarzer Milan 23
Seeschwalbe 31
Silbermöwe 23, 31
Sperber 13, 37
Spitzmaus 49
Star 23, 44, 50
Steinadler 13
Stelzvogel 20
Stockente 21

T
Tanne 24
Tannenmeise 26
Trauerente 31
Tümpel 30
Turmfalke 9, 10

U
Uferschwalbe 18, 19

W
Waldmaus 23, 36, 49
Wanderfalke 16, 17
Wanderratte 23
Wespe 49, 50
Wildschwein 11
Wintergoldhähnchen 26, 28

Z
Ziegenmelker 15, 21

CIP-Titelaufnahme der Deutschen Bibliothek

Brochier, Bernard
Entdecke die Natur / Bernard Brochier. — Wien ; Stuttgart : hpt-Verlagsgesellschaft m.b.H. & Co. KG.

Veränderungen unserer Umwelt. — 1990
Orig.-Ausg. u. d. T.: Brochier, Bernard: L'évolution du milieu
ISBN 3-7004-0126-4

Übersetzung: Christine Müller

1. deutschsprachige Auflage 1990
in der Reihe „Entdecke die Natur"
© 1989 by Casterman, Tournai
Titel der Originalausgabe: L'évolution du milieu
Alle Rechte der deutschen Ausgabe bei
hpt-Verlagsgesellschaft m.b.H. & Co. KG, Wien.

Alle Rechte, auch die des auszugsweisen Nachdrucks, der photomechanischen Wiedergabe, der Übersetzung und der Übertragung in Bildstreifen, vorbehalten.

ISBN 3-7004-0126-4